BITÁCORA DE UN VIAJERO

VI

Escapando a la realidad

(50 consejos para viajeros)

Andrés Schwarcbonn

Editorial Alvi Books, Ltd.

Realización Gráfica:
© José Antonio Alías García
Copyright Registry: 2211202668303

Created in United States of America.
© Andrés Schwarcbonn, Montevideo - Uruguay, 2022

Producción:
Natàlia Viñas Ferrándiz

No se permite la reproducción total o parcial de este libro, ni su incorporación a un sistema informático, ni su transmisión en cualquier forma o por cualquier medio, sea este electrónico, mecánico, por fotocopia, por grabación u otros métodos, sin el permiso previo y por escrito del Editor. La infracción de los derechos mencionados puede ser constitutiva de delito contra la propiedad intelectual (arts. 270 y siguientes del Código Penal Español).

Editorial Alvi Books agradece cualquier sugerencia por parte de sus lectores para mejorar sus publicaciones en la dirección editorial@alvibooks.com

Maquetado en Tabarnia, España (CE)
para marcas distribuidoras registradas.

www.alvibooks.com

INTRODUCCIÓN

Cuando era niño me llamaba la atención conocer el mundo, pero lo más lejos que podía llegar era a las peligrosas montañas que mis juguetes y yo imaginábamos.

Recorrí 37 países

Vi millonarios morir solos sin nadie a su lado

Vi a islámicos tomar alcohol y fumar todos los días

Vi indigentes optar por comprar un Iphone último modelo que tener un plato de comida

Vi a una mujer discapacitada en silla de ruedas denigrar a una persona negra solo por su color

Vi pasar una moto con cinco niños sin casco

Vi a países que dependen del turismo para sostener su economía, abusar de cada viajero que ya no volverá más

Vi a mujeres con el rostro desfigurado por ácido por la sola condición de ser mujer

Vi al mundo pasar por una pandemia y no cambiar absolutamente nada.

La vida da mil y una vuelta mientras se lo permitas. Dale vuelta a las página, ponle colores, arrúgalas y arráncalas de ser necesario, pero hazlo. Permítete siempre hacer lo que tu quieras por mas loco que suene. Todo es posible cuando se arriesga. Todo en la vida es un reto del que no hay que tener miedo y cuyos límites los ponemos nosotros. Quien te diga lo contrario es porque le teme, y el miedo es lo que nos mantiene en la famosa "burbuja cerrada" alejándonos de la verdad. Inténtalo y te prometo no te arrepentirás.

Ahora, ¿Será que la vida nos forma o es que nosotros formamos a la vida con aprendizajes que el camino nos da? Creo que en este mundo existen dos tipos de personas, los escritores y los personajes. El personaje no forma ni aprende; el personaje se deja llevar por lo que el escritor quiere y eso pasa solo después que el escritor aprende de la vida.

La vida son cuentos e historias de escritores, no de personajes. Pero si hay personajes en la vida y son aquellos que no saben construir o formar. Están a medio hacer, incompletos. Son aquellos que no dejan marca sino huecos, no dejan palabras sino silencios. La vida es una metáfora de un cuento que recién comienza.

¿Y tú eres personaje o escritor?

... y así comienza una nueva aventura ...

Hay personas que les toma tiempo caer en la realidad de un viaje. Hay personas que les toma tiempo entender que ya no volverán a casa. Mi viaje cae en un pozo profundo de grandes emociones. Cerrar una vida de casi seis años, dejando solo una mochilera con lo suficiente para viajar ligero por el mundo. Al principio eran meses, luego semanas y por último días. Ni la ultima hora, ni el último minuto generó una reacción en mí. Mi mejor amigo y mi madre estaban abrazándome entre lágrimas, tristeza y felicidad y yo nada. Una piedra sin sentimientos. Un shock que espero en algún momento cercano llegue a su fin y caer en la realidad. ¡Estoy en Asia!

No es fácil decir adiós, no es fácil entender que esa persona que tanto quieres no estará a tu lado cuando necesites un abrazo, una charla o un simple cigarrillo. Pero la vida me enseñó a continuar, siempre para adelante. Lo que pensamos que es el mundo ni siquiera se parece a un grano de arena en la playa. Pensamos que sabemos y no sabemos nada, creemos que conocemos y no conocemos nada. Nos movemos en una calle, de un barrio, de una ciudad, de un país, de un continente, de un mundo que aún no descubrió su otra mitad. Y aun así, ¿discutimos la idea de pensar que sí?

Si tanto pensamos que sabemos, los alemanes no se hubiesen metido a conquistar Rusia en la Segunda Guerra Mundial, sabiendo que los franceses fracasaron ante la misma estrategia del clima.

Y así, un 12 de setiembre del 2019, me fui en busca de más sabiduría. Así caí en Moscú, la capital del país más grande del mundo, con más de 17 millones de kilómetros cuadrados y ocupando gran parte de Asia y Europa.

RUSIA

Al llegar al aeropuerto de Sheremetyevo, a 40 kilómetros del centro del país, comenzó mi primera aventura hacia el hostal. Los mayores de 35 años no hablan inglés así que sin internet y sin idioma busque la forma más económica de llegar al hostal Makarov a orillas del canal paralelo al río Moskva. Una larga caminata a través de unos conectores me llevo al metro y del metro al subte. Alguna ayuda de aplicaciones y el bajo ingles de las personas me fue suficiente para bajarme a unas pocas cuadras del lugar.

El hostal es muy barato y cuenta con todo lo necesario, desde cocina, hasta ducha con agua caliente. Aparte se ubica a tan solo 10 minutos de la Plaza Roja. La limpieza es excelente y con una ley seca muy estricta. Los que se hospedan son más que nada rusos que encuentran esto la manera más económica para poder vivir en el centro del país a un muy bajo precio. En la entrada hay un gran corcho con la figura del mundo y fui yo el primer uruguayo que se hospedo aquí. Así que deje mi marca con un alfiler colorido.

Ya era tarde y estaba cansado, pero no podía dejar de recorrer el centro por lo menos un vistazo en general. La inseguridad en este lugar es casi nula, se puede recorrer cada callejón a cualquier hora del día sin ningún tipo de preocupación. Así como también la limpieza de las calles, constantemente miles y miles de trabajadores están rociando agua con grandes máquinas para que las calles y veredas reluzcan su gran belleza.

Mis ojos no podían creer la maravilla deslumbrante que estaban viendo, la Plaza Roja es sin lugar a dudas la razón principal del porque no me arrepiento de haber abierto el pasaje unos días por este frio rincón del mundo. Desde aquella colorida catedral construida en 1555 por Iván el Terrible (primer monarca ruso en adoptar el título de zar) y por la cual se dice que ningún otro arquitecto podrá igualarla ya que mando dejar ciego a Postnik Yakovlev (arquitecto de la misma).

Continúe mi camino por la Plaza Roja rumbo noroeste pasando a mi lado izquierdo por el GUM y a mi derecha el mausoleo de Vladimir Ilich Ulianov, más conocido como Lenin, hasta llegar a la tumba del soldado desconocido, un monumento en honor a todos los soldados y combatientes que dieron sus vidas por defender la patria. En Rusia a la Segunda Guerra Mundial se le llama Gran Guerra Patria ya que el país fue atacado por sorpresa rompiendo un pacto de no violencia que existía entre Alemania y Rusia. El 8 de mayo de 1967 fue prendida la llama eterna de la gloria y sigue encendida hasta el día de hoy. Cada hora desde las ocho de la mañana hasta las ocho de la noche de cada día hay cambio de guardia, y es una situación interesante de observar. La guardia de honor que custodia la llama, está en proceso para entrar al ejército ruso, en otras palabras, son cadetes. "Tu nombre es desconocido, tu hazaña es inmortal".

El segundo día a la mañana quería ya entrar a un supermercado y buscar el primer producto extraño (nuevo) que había encontrado en la red: leche de caballo. Pero el primer intento fue fallido. En el supermercado nadie entendía inglés y la reponedora no entendió mi gesto de caballo (con una leche en la mano, ¡risas!).

Me perdí por las calles céntricas rumbo a la plaza de los teatros donde estaría el Free Tour. Este sistema de guías es muy interesante ya que son personas capacitadas en historia, arquitectura y otras áreas y no ponen precio. Luego del paseo uno da lo que piensa que es correcto o lo que tiene o puede. Leo, el guía, es un profesor de historia mexicano que reside en Moscú hace ya varios años y del cual disfrute su compañía y conocimientos. No podía faltar decirle al final del tour que "no hay precio para el conocimiento".

Y la idea de probar algo nuevo no salía de mi cabeza, así que me puse testarudo y comencé a entrar lugar por lugar hasta que, por fin, gracias a la recepcionista del hostal, me dirigí a pocas cuadras a un almacén de productos naturales y pude por fin probarlo. Esta leche sirve de medicamento y con la cual se hace manteca, queso y hasta un licor embriagador, aunque se usa mayoritariamente en países como Kazajistán. Su gusto es parecido a la leche de vaca más aguada y con un toque de almendra.

Volver a la Plaza Roja en la noche es algo que no se puede dejar de lado, más aún cuando la Luna se aparece detrás de la Catedral de San Basilio. Y si su cámara no llega a captar esa imagen, siempre se puede sacar una foto a la foto de las gigantescas cámaras de los chinos.

Al día siguiente, me desperté temprano para ser de los primeros en la fila para el Mausoleo de Lenin. Una chica que estaba en la habitación también se estaba preparando para salir y muy amablemente me presente y le pregunte hacia donde se dirigía. Resulta que los dos íbamos al mismo lugar. Lo interesante era el país de procedencia de la chica: Isla Mauricio, ubicada en África al este de Madagascar. Así que comenzamos la caminata junto a Sharvani hacia el mausoleo y el clima no cooperaba mucho con la actividad. Tanto es así que mientras esperábamos en la fila comenzó a llover por unos minutos. Ahora sé cómo mover a mil personas en tan solo unos segundos. La Plaza Roja había quedado despoblada.

Mientras esperábamos en la fila y nos conocíamos más, un hombre de descendencia rusa se nos acercó e intento comunicarse con nosotros. Él era un coleccionista de monedas del mundo y me pidió una de mi país. Le dije que no tenia de Uruguay (ya que hace seis años que no vivo allí), pero quizás podría tener alguna de Israel. Yo le di una moneda de dos shekels y el como obsequio me entrego una de las ultimas monedas fabricadas en el sistema comunista de 1990. Con el martillo y la hoz en grande se podía leer perfectamente en la parte de abajo las siglas CCCP (Unión de Repúblicas Socialistas Soviéticas). Lindo presente y gran parte de la historia que me llevo a casa.

No pasó más de un minuto después de las 10 de la mañana cuando la fila comenzó a moverse y nos dejaron entrar al mausoleo. Vladimir Ilich Ulianov fue el principal dirigente de la Revolución de octubre de 1917 y primer presidente soviético. Lenin murió a los 53 años de edad en 1924 y fue momificado para ser recordado. La visita es gratuita, tan solo debes esperar pacientemente en la fila y adentro mismo no tendrás más de unos minutos para verlo con tus propios ojos. Tus manos deben estar visibles en todo momento y está prohibido el uso de cualquier tipo de cámara. La momia de Lenin, vestida con traje oscuro, se encuentra protegida por un cristal anti balas. Piel blanca pálida y sala en penumbras no dejaba ver el cuerpo en todo su vigor. La seguridad y los turistas apurados te empujaban hacia la salida.

Una vez fuera podrás ver la única estatua de Stalin que quedo en pie, luego de la destrucción de su imagen en todo el país. Stalin también fue embalsamado y colocado junto a Lenin luego de su muerte y permaneció allí desde 1953 hasta 1961.

De allí entramos por un delicioso helado en el GUM (Tienda Universal Principal) ubicado en la Plaza Roja frente al Kremlin. Es una tienda de grandes almacenes construidas al final de la época imperial que continuó durante la Unión Soviética y posteriormente luego de su disolución. Su arquitectura trapezoidal combina arquitectura rusa medieval, junto a acero y techo de vidrio parecido a las estaciones de trenes del Reino Unido de la era victoriana.

Luego partimos al metro número 3, el que se suponía era el más bonito con cuadros en cada pared, pero al final entendimos que cada estación tiene su estilo. Paseamos durante un largo tiempo tomándonos uno y otro para ver los distintos artistas. Una estación con estatuas revolucionarias, otra estación con imágenes hechas con cubitos de cerámica...

Hasta que llegamos a un punto que según Sharvani tendría una vista 360 a toda la ciudad de Moscú, pero al llegar y caminar hasta allí nos dimos cuenta que todo estaba cerrado por algún tipo de manifestación de estudiantes. Habían cercado todos los gigantescos jardines de la universidad y había policías y militares cada 5 metros. Intentamos una y otra vez entrar de alguna forma u otra, pero ningún militar nos dio acceso. Ella se enojó un poco, pero al fin y al cabo es una aventura y a veces no todo resulta como queremos, aunque todo ese tiempo caminando lo tomamos para charlar e intercambiar cultura y conocimientos.

Volvimos en metro hacia el centro e hicimos una parada para comer. El restaurante ubicado a pocos metros de la estatua de Marx tiene una carta muy grande y variada. La moza se enamoro de nosotros ya que no parábamos de reírnos; y como no hacerlo, el postre que cogimos luego de almorzar se llamaba Non-soviet Napoleón (un mil hojas más pesado). Era difícil decidir qué almorzar porque de verdad la carta era muy amplia. Pero

Sharvani me enseño una pasta rusa que se llama pelmeni acompañada con caviar. Allí tuvimos una pelea amistosa ya que había invitado a la chica en un paseo en barco y ella me quiso pagar la comida, pero la moza no acepto mi dinero.

En fin, caminamos unos 2 o 3 kilómetros hacia uno de los puntos de partida de ferrys sobre el canal de Moscú. Llegamos solo un minuto tarde, así que tuvimos que esperar una hora en el frio y la llovizna, pero con ella el clima se hacia mas lindo. El ferry Cristal llegó y recorrió durante una hora el río. Mucho frío, pero con unas cobijas que proporciona el lugar. Una chica se acerco sacando fotos a los pasajeros (claro símbolo de pre-venta de algo) y así fue. Un lindo imán con nuestra foto y un lindo obsequio que le di para recordar a un amigo viajero.

Volvimos al hostal, donde nos despedimos con un fuerte abrazo y con la esperanza de volver a encontrarnos algún día, en algún lugar del mundo.

El cuarto día amanecí con una sorpresa. Baje al baño y cruzando la recepción me tope con un grupo de chicos que no me costo identificar, eran compatriotas charrúas. Hice un saludo general ya que me urgía el pis mañanero. Luego volví para darles un mapa y mas tarde cuando nos encontramos en la cocina comenzamos a charlar un poco. Resulta que eran 3 pequeños grupos de casi 300 personas que estaban viajando luego de recibirse en la Facultad de Arquitectura. Tenía un último lugar que quería entrar antes de cerrar Moscú, y ellos estaban muy cansados para salir enseguida, así que partí hacia la Catedral de Cristo Salvador, la iglesia ortodoxa mas grande del mundo. La Catedral se encuentra cerca del Kremlin sobre la orilla del río Moscú. La misma fue dinamitada por orden de Stalin en 1931 para borrar de la historia la herencia cultural de la antigua Rusia. En 1988 se creó una organización publica que juntó dinero de los ciudadanos para reconstruir la iglesia. Hasta los más pobres aportaron, aunque sea un rublo. La iglesia es preciosa y por dentro cuenta con gigantescas pinturas, aunque está prohibido el uso de cámaras. Así que tendrás que guardar la imagen en tu cabeza.

De vuelta al hostal, pase por un McDonald ubicado en una plaza cerca del metro numero 2 ya que sabía que aquí en Rusia había mariscos fritos. Así que me pedí un wrap de mariscos por tan solo 3 dólares y fui a la plaza a comer y a compartir con una mujer mayor que vivía allí.

En el hostal me volví a encontrar con Nicolás, uno de los chicos de Uruguay y quedamos para vernos en la Plaza Roja mas tarde. Aproveche para cambiarme y salir a correr un rato. Espero en Nepal poder llegar al campo base del Everest, que, aunque físicamente sé que puedo, económicamente sale del presupuesto, así que espero poder encontrar en Katmandú un precio razonable.

Luego de un baño y aprovechar para lavar un poco de ropa, me dirigí al punto de encuentro y estuvimos junto a Agustín (un chico de Las Piedras-Uruguay) y Nicolás unas largas horas charlando de política, ideología, y conflictos. Es interesante a veces que te encontrás con personas de otra cultura y/o lugar poder sacarte todas esas dudas que tenes. En este caso, Nico estaba muy curioso sobre el conflicto árabe-israelí, el porque del odio hacia los judíos, el holocausto y más. Finalizamos en el hostal donde nos despedimos hasta quizás algún día vernos en Uruguay.

La mañana siguiente, luego de despertarme, caminé unas cuadras hacia un Cofix (si, la misma empresa de la que dirigí durante un año y medio) para comprar el desayuno y no paso más de un minuto desde que salí que la lluvia comenzó de forma agresiva. Así que me senté a esperar que pasara la peor parte y volví al hostal para hacer check out y salir para el aeropuerto. Como vine volví, mismo recorrido, una caminata, un subte, un metro y "voilà".

Moscú es súper recomendable, al menos por unos 5 días. Con el idioma es medio complicado, pero siempre logras tu objetivo. Ciudad muy limpia y segura. Recomiendo quedarse en el centro para no tener que moverse tanto en trasporte público. Las distancias de todos los lugares turísticos quedan muy cerca uno de otro. Sumérjanse en la historia, ya que solo así, lograrán entender esa cultura.

INDIA

Ni la palabra caos se asemeja ante la loca ciudad de Delhi. Eran las 3 de la mañana cuando mi avión aterrizo en tierra india. La aduana no me hizo ningún tipo de problema. Siempre hay que buscar a la persona mas simpática (algo difícil de encontrar) y así poder recibir el mayor tiempo posible. En mi caso mi visa no me permitía mas de 6 meses y el hombre me firmo el pasaporte con un permiso de hasta 9 meses. Ni que tenga pensado quedarme tanto.

Pues, luego de retirar mi valija, intente comunicarme con Pryia (mi couchsurfing) pero el libre Wi-Fi me exigía un número y estaba claro que recién llegado eso no iba a pasar. Así que al salir, le pedí a uno de los puestos que me abriera su internet.

Pryia y Uday son una pareja joven de la India que hospedan a viajeros del mundo. Pryia (con la que siempre me comunique) tiene 20 años y estudia ciencia políticas en la Universidad de Delhi (Bachelor: Universidad solo de mujeres) y Uday tiene 23 años y trabaja desde la casa como periodista deportivo. Ambos muy gentiles, y me ayudan a abaratar costos y al mismo tiempo compartir culturas diferentes.

Ya eran casi las cuatro de la mañana, y Pryia me llamó diciendo que me estaban esperando. Fue allí que decidí no esperar a las 5 (cuando el transporte público abre) y así pagar unicamente 90 rupias (1.5 dólares) en metro. Ella me había dicho que un taxi no saldría mas de 500-600 rupias, cosulte a 3 taxis, no bajaban las 1600 rupias. ¿Tanta cara de turista tengo? Luego de preguntar a otros cuantos taximetristas, decidí dejarme estafar un poco y comenzar viaje hasta la casa de ellos por 800 rupias. Tenía más o menos una hora de camino. El joven conductor no tenia mas de 19 años y conducía como un loco de fórmula uno. Ni cinturón ni otra forma de seguridad. El problema era que su celular de los 90 no ayudaba mucho a ubicarlo y yo sin internet no le hacia de mucha ayuda. Hasta que recordé que había descargado los mapas de GoogleMaps y así lo guié hasta la casa. Eso si, tuve que estar mostrándole el celular la hora completa.

El calor la humedad y el cansancio, luego de no haber dormido en la noche y sin saber donde estaba me estaba tornando molesto. Las calles en muy malas condiciones y la música mas linda que escuchaba era una mezcla entre la bocina de todo el transporte y una canción de metálica india a máximo volúmen que el indio escuchaba para no dormirse. No era raro luego de ver la forma de conducir que un enorme camión estaba dado vuelta en la ruta sin la parte delantera a causa de un brutal accidente.

Pero llegamos; me baje y cuando le fui a pagar ni siquiera tenia cambio... y bueno, ¿me voy a volver loco por 100 rupias más?

Eran las 5 de la mañana, la calle desértica de un barrio sumamente extraño para mi. Por suerte vi a tres jóvenes entrando por un callejón y les pedí ayuda y así ubicaron a Uday que me paso a buscar pocos minutos después.

Subimos unas largas y angostas escaleras hasta llegar a la casa. Un hogar muy humilde pero con lo necesario para vivir. Deje las cosas sobre el sillón que dormiría y Pryia vino a saludar. Ella tenía un examen a las 10 de la mañana pero no podía parar de hablar de la emoción. Paso un rato y Udey estaba por ir a comprar unas cosas para desayunar y lo acompañe para poder entablar relación y conocer donde estaba yo parado.

El barrio de Kalyan Vilhar se encuentra muy cercano a todas las universidades y esta ocupada en su mayoría por estudiantes. El motivo es que los apartamentos son muy humildes y eso abarata los costos para los padres, que son los que mantienen a sus hijos durante todo el período universitario.

Compramos unos huevos, pan, leche y volvimos a la casa, donde pude descansar 3 horas hasta que me levante para desayunar con él. Los horarios que llevan son muy singulares. Él trabaja desde la casa en la noche (ya que el diario para el cual trabaja usa el horario europeo) y ella es estudiante universitaria. Por ende se levantan muy tarde y se acuestan muy tarde. Eso cambio mi rutina de levantarme temprano para disfrutar mas la luz del día.

Pryia llego mas tarde y salimos a recorrer el barrio. Me había olvidado la cámara, pero mis ojos no paraban de sacar fotos. La gente, la calle, la basura, los rasgos, las vacas… si, dije vacas. La vaca es un símbolo sagrado en la India, es venerada como fuente de alimento y jamás debe ser matada. Sin embargo no se hacen rituales de veneración aunque hay quienes piensan que sus antepasados resucitaron en una de ellas. Que sera de mi, sudamericano carnívoro, cuyo alimento habitual no va a existir en ningún plato de este país. Y cuando digo ningún plato hablo en serio, hasta McDonald tuvo que cambiar el menú y colocar solo hamburguesas de pollo o vegetarianas.

Al día siguiente fuimos hacia el oeste de la ciudad, fuera del primer círculo de Nueva Delhi hacia Rhynhorn Tattoo, un local de un buen amigo de ellos (Prashanta) que hacia tatuajes. Tiempo atrás le había pegado una hojeada a la página de él ya que le había comentado a Pryia que me quería tatuar un punto y una coma. Un simple punto y coma se convirtió un día después en el tatuaje mas grande y visible en mi cuerpo. Pues se trata de un barquito de papel navegando contra corriente con la idea de no temerle a la muerte sino al no vivir, un mapa mundi de fondo con estrellas y los cuatro puntos cardinales invertidos en representación del anti-sistema y la locura del mundo.

Luego de cerrar la idea del tatuaje, junto a otros dos amigos de ellos que estaban en el local, Sameer (Sam) y Swapnav (God, asi se hacia llamar y es mas fácil para mi que ese extraño nombre), partimos en un rickshaws (una bicicleta enorme con asientos en la parte trasera) hacia Sagarpur, cercano al aeropuerto y un barrio muy peligroso para andar solo o ser extranjero. Allí subimos a un restaurante donde comencé a probar las delicias indias. El primer plato se llama samosa (empanadilla de forma triangular, a base de harina de trigo, rellena de patata, guisantes y curry), luego paneer (queso fresco de origen indio, cuajado y que se calienta la leche con limón u otro alimento ácido) acompañado con cebolla y tomate. Y por último dos postres que a mi gusto eran demasiado dulce: gulab jamun (masa frita elaborada con vapor de leche condensada y harina, se sirve en agua azucarada, con agua de rosas y cardamomo) y ras malai (bolas azucaradas entre crema amarilla y paneer empapado en nata). Todo esto acompañado con te con leche. ¿Te con leche para cenar? En cierta forma la India fue gobernada por los británicos y los mismos dejaron una fuerte marca en la cultura y la historia.

Al terminar cogimos un Uber hasta llegar a una oscura y mal transitada feria, demasiado angosta para mi gusto y donde las motos, bicicletas y autos se metían a gran velocidad, tocando bocina como si el peatón estuviese mal ubicado. Allí mismo vivía el tatuador y Sam, en un pequeño apartamento que no tenía más que un par de colchones en el piso y un baño. Me descalce como es correcto y me senté en el piso, hasta que Sam sacó una guitarra y se puso a tocar. Me había gustado mucho la voz de él y le recomendé recorrer el mundo con su voz y su guitarra.

Hablando del idioma, oficialmente en India el idioma principal es el hindi, pero se manejan mucho con el ingles. Aunque hay más de 23 idiomas oficiales y 1000 dialectos del hindi, manejarse en ingles es fácil aunque tienes que saber con quien vas a establecer una conversación. El analfabetismo confirmado en el último censo menciona al 60 por ciento en las mujeres y el 30 en los hombres. Por ende, no solo hay un problema de no centralizar todo el país en un solo idioma sino que gran parte del mismo es analfabeto. Pryia y Udey hablan entre ellos en hindi aunque sus idiomas oficiales son distintos y los dos tienen muchos problemas para escribir este idioma.

Ese segundo día terminó de una forma muy alocada, pues compramos muchas cervezas made in India y aunque mis horas de sueño se contaban con una sola mano vinimos todos a la casa de Priya y Uday a escuchar música y pasar un tiempo más distendido.

La mañana siguiente se puso un poco más tensa ya que sabía que me tatuaría en uno de los lugares más dolorosos, en la zona de las costillas. Al principio Prashanta se tomó como una hora en limpiar cada material que utilizaría a la hora de hacerme el tatuaje. Todo cubierto por nylon y desinfectado con alcohol. Se limpiaba las manos cada vez que hacía algo, eso me dió una buena señal. Luego comenzamos a hablar sobre el tema del tamaño. Él había colocado dos diseños de tamaños voluminosos que me asustaban un poco aunque la tercera opción era la mejor, mas grande aún.

El tatuaje tuvo una duración de casi cinco horas con una pequeña pausa en el medio para que él pudiese almorzar. El dolor había comenzado en un 5 de 10, y aumento a 7 después de la segunda hora. Llegando al final se encontraba en un 8 para 9 aunque el último detalle con tinta blanca fue un 20 plus. Pero por fin estaba listo. Yo estaba muy feliz ya que me había encantado como me quedaba y lo lindo que era.

Un punto que no puedo dejar afuera por lo extraño que fue, es una pintura ubicada en la sala de espera. Una imagen diabólica que por lo que me cuenta Sam fue hecha con sangre humana. Pues si, horas mas tarde, Prashanta me mostró un video del artista en el que muestra su cuarto y se ve una obra de él moviéndose como si un espectro maligno estuviese allí. Él me comento que así como yo, no creyó en lo que veía hasta que estuvo en ese cuarto e intento levantar esa obra de arte. La misma era muy pesada como para moverse sin ayuda humana y el video muestra que nada hay a su alrededor. Este artista satánico corta su cuerpo para extraer sangre y así pintar. También participa en rituales llamando a la muerte.

Al final nos movimos en tuk tuk hasta un kiosko cercano y mientras ellos esperaban la orden le pedí a Sam que me acompañara a comprar gutka, es un preparado a base de nuez de areca, tabaco, catechu, parafina, cal y dulce, un estimulante adictivo que consumen en India. Comencé el video mientras Sam unía los dos sobres y entonces procedí a colocarlo en mi boca. Este producto no se traga, tan solo se mastica mientras la saliva va humectando todo. El sabor es demasiado feo y por ende no tarde mucho tiempo en empezar a escupir. Las personas alrededor me quedaron mirando y sonreían. No por escupir ya que así es como se debe finalizar sino por ver a un turista intentándolo. Lo había visto en muchos videos y aparte el rojo en las calles es a causa del mismo. Yo les recomiendo lo intenten aunque sea una vez.

Luego nos sentamos mientras uno de ellos picaba algo y entonces Sam vino con un regalo. Era otro de los productos que quería probar. Su nombre es mithaa paan, un postre a base de hojas de betel que envuelven un preparado de elaboración muy compleja por la cantidad de especies y productos (4 hojas de betel de calcuta, una cucharadita de lima, una cucharadita de paan katha, media cucharadita de chutney paan, 2 cucharaditas de gulkand, dos cucharaditas de semillas de hinojo, dos cucharaditas de dhana dal, una cucharadita de coco seco, dos cucharaditas de dátiles secos, 4 cardamomos, 4 glace cherry, 2 cucharaditas de tutti-frutti, 2 cucharaditas de tutti frutti). Un aperitivo demasiado dulce y se come de un solo bocado.

Al final de la noche nos encontrábamos en la casa de God, cercano a Old Delhi. Mientras todos estaban en el cuarto con el aire acondicionado, Parashanta y yo nos habíamos quedado en el balcón charlando sobre los paradigmas de la vida. Allí él me contó de un lugar que debería conocer aunque me advirtió del mismo con una historia. Al final del cuento me dijo que mas allá de la historia es un lugar que debería entrar para conocer la otra cara de la moneda.

"Yo tenía unos 20 años cuando junto a un amigo quisimos entrar a la zona roja, la zona de las prostitutas. No era mi idea pagar por sexo, sino ver la otra realidad de mi país. Antes de ir fui advertido de no llevar demasiado dinero, ni reloj o cosas de valor. Ni siquiera celular. Entonces entramos a la calle principal y un hombre se nos acerco y nos convenció de entrar a una de las viviendas para checkear la mercadería. No podíamos decirle que no, así que lo seguimos. Comenzamos a subir escaleras a oscuras. El mal olor y la suciedad comenzaron a reinar. Ya no había vuelta atrás, era como un laberinto sin salida. Él nos mostró a una chica de nos mas de 19 años pero le dijimos que no. Nos pidió gentilmente que entremos a un cuarto y se encerró con nosotros dentro. Allí nos dijo que le diéramos todo lo que teníamos en nuestros bolsillos amenazándonos con un cuchillo. Al principio no reaccionamos hasta que abrió su boca y dentro tenia un hoja para afeitar que lo estaba mordiendo desde un principio en su boca. Yo tenía unas 500 rupias pero mi amigo literalmente no tenia nada. Al final me devolvió 100 para volver a casa y nos dijo que si queríamos tener sexo con una chica podíamos ya que habíamos pagado por eso, aunque nos negamos"

Al cuarto día fuimos para Old Delhi. No entramos al Fuerte Rojo sino frente al mismo que se encuentra un gran mercado callejero, que según Udey me cuenta facturan hasta 10.000 dólares por mes, algo demasiado alto para ser un simple mercado. El hecho es que todas las telas de las ciudad vienen desde aquí, así que si estas pensando en comprar alguna vestimenta del lugar, este es el sitio, si lo haces en otro lado ya sera una reventa. La mugre de Delhi es parte del paisaje cotidiano, y esto es acompañado con una gran polución. Es normal ver a las personas con tapabocas, mismo policías y militares. Las vacas se alimentan de esa basura y nadie hace nada. Es tanta la basura que uno camina sobre ella como parte de la calle. Allí estaba yo parado, en un mercado , en el medio de la India, con más suciedad que personas, y más personas que vacas. Hablando de vacas aquí a mi lado hay una revoloteando una bolsa de basura cerrada, intentando buscar algún tipo de alimento dentro de ella. El olor tampoco se puede dejar de lado, en momentos debo colocar mi mano sobre mi nariz para taparla, olor a basura, a putrefacción, olor a cloaca y sudor. A esto sumarle el calor, la humedad, es todo un paraíso.

Un hombre se acerco a mí con la cámara en mano pidiéndome una foto, ¿habrá creído que soy famoso?¿Quizás soy el centro de atracción de la ciudad por mi color de piel?¿será que este es un circo y yo soy el medio de entretenimiento? No lo sé, pero por lo menos sonrió conmigo.

De allí caminamos hasta la Puerta de la India donde esta el monumento a todos los mártires de la Primera y Segunda Guerra Mundial. Si, cada nombre esta en esa puerta, así que imaginen el tamaño que tiene. En el medio una llama que nunca se apaga y esta custodiada por dos brigadas del ejercito. El lugar esta protegido las 24 horas a diferencia de la tumba del soldado desconocido de Moscú cuyas guardias son de 8 de la mañana hasta las 8 de la noche. Para entrar seras registrado por un detector de metales y si llevas una mochila pues te pedirán que la abras a un costado.

La cena fue muy extraña, yogurt con galletas, aunque dentro de todo fue la primera comida que no tenia tanto masala,mezcla de especies como canela, cilantro, alholva, carda momo, pimiento negra, nuez moscada, que se usa en casi todas las comidas. Este platillo se llama papri chaat, una comida rápida originaria de la India a base de obleas fritas de harina blanca, patata cocida, garbanzo cocido, pimiento, chile, yogurt y chutney de tamarindo.

Luego de casi una semana paseando en el país quería descansar un poco y tomar un par de fotografiás y videos para el canal (Es que me habia olvidado de decirles que comencé con un canal de Youtube. Podrán seguirme aquí: www.youtube.com/alvp30394). Así que aproveche que había una gran plaza cerca de la casa y partí para allí como día de verano y la cámara fotográfica. Al llegar a la plaza unos señores mayores estaban jugando a las cartas, me quede observando y esperando una futura invitación, pero no. Tan solo me miraban y continuaban su juego si ni siquiera invitarme a sentar. Así que me aleje unos metros, me senté en el césped y comencé a captar situaciones en un día cotidiano, niños corrían alegremente, otros jugaban al cricket (deporte nacional) y otros se divertían tan solo con la tierra húmeda del suelo.

De repente comenzó a lloviznar, una pequeña llovizna de verano creía yo. Así que me quede allí sentado esperando que pasara, pero no fue así; de pronto pensé que se venía el mundo abajo, corrí hacia unos arboles para taparme de la lluvia pero no funcionó. Allí dos jóvenes me indicaron un punto en el medio de la plaza para cubrirme, así que corrí hacia allí, esquivando enormes charcos de barro. Al llegar me encontré con varias familia de la calle, más de 20 niños semi desnudos, unos 8 o 10 viejos que seguían jugando a las cartas y yo con una musculosa, un short y chancletas. Decidí quedarme allí hasta que las lluvia pasara. La cámara no podía mojarse y el clima cada vez se ponía peor.

La situación no ameritaba para sacar fotos, por un tema mas de respeto, pero era muy lindo y gracioso ver a los niños correr y divertirse con la lluvia. Yo me preguntaba si tendrían ropa seca para después pero el que tenía que preocuparse más era yo. Pasada media hora y viendo que el clima no mejoraría corrí rápidamente hacia la casa, donde la tos, los mocos y la fiebre se adueñaron de mi cuerpo por 4 días.

Con el tiempo mi salud comenzó a mejorar, un simple virus de turista. La mejor manera es descansar y tomar mucha agua. Si hay fiebre entonces es mejor ayudar al cuerpo a defenderse. El sudor es un buen síntoma.

Una tarde decidí moverme sólo hacia el centro de la ciudad, cercano al Fuerte Rojo, donde se encuentra la mezquita más alta y conocida de Nueva Delhi: Jama Masjid. Pero no nos adelantemos a contar sobre la misma ya que el camino también se puso interesante.

Al ser la primera vez que me movía dentro del caos preferí tomarme un Uber, tomando en cuenta que el precio no es elevado y me dejaría en el punto sin formas de perdernos. En el camino intente dialogar con el conductor pero su única frase fue "no english". ¡Que lástima! Me gusta conversar con las personas. El camino de tan solo 30 minutos se volvió más de una hora y media a consecuencia del tráfico, entonces utilicé por primera vez el sistema de conversación de Google translate y funciono de maravilla. De español a hindi y de hindi a español pudimos dialogar durante un largo rato. El conductor estaba agradecido de hacerle conocer esa aplicación ya que siempre se sintió frustrado cuando alguien entraba a su auto y no sabia hablar hindi. Pues lo ayude a descargar la aplicación y eso facilitó mucho el dialogo entre los dos.

Para llegar a la mezquita debes atravesar un viejo mercado, que a mis ojos, es preferible colocar la mochila para adelante. Muchas personas y todos intentando venderte algo o simplemente que les des dinero. Entonces, luego de subir la explanada principal llegarás hasta la puerta donde por tu cara de turista te exigirán 300 rupias para poder acceder con cámaras o simplemente por sacar fotos, eso si, a ninguna otra persona les pedirán dinero. Allí también debes descalzarte ya que estas entrando en un lugar sagrado y como consejo, no dejes tu calzado afuera, sino que colocalo dentro de la mochila. Debes llegar con ropa adecuada, así que preparate para ir con un pantalón o vaquero pero no un short o bermuda. De hacerlo ellos te prestaran algo para cubrirte y te intentaran timar al salir. Mejor saber y prevenir.

El Jama Masjid fue construido a mediados de 1650 y su patio puede ser sitio para más de 25000 personas en fechas religiosas. Al cruzar la entrada principal podrás observar las tres grandes cúpulas y las dos torres de 40 metros a cada lado. En el medio hay un estanque donde los fieles se lavan las piernas y brazos, algunos la cara y otros beben de la misma. Personalmente no aconsejo ni siquiera tocar el agua de color verde moho.

Al final del todo podrás ver a muchas personas rezando hacia la Meca, así que si llegas negro. Esta tumba es la primera en considerarse como tumba-jardín y es por eso que se toma también como la precursora del Taj Mahal (que visitaremos mas adelante). Lo más interesante de este lugar es su armonía, sus colores y de estar tan inmaculado. El silencio reina en este sitio y la arquitectura ayuda a relajarse y sentirse en otro lugar. Esto suena algo absurdo pero luego de estar en las calles de Delhi por más de una semana, ésto es el paraíso.

Y pues ha tomado varios días volver a escribir. Escribir no es tan simple, no es tan solo coger una hoja y explotar. Organizar las ideas, recordar lugares, nombres, anécdotas, no, no es simple. Y desde que me mude a un hostel en el centro de la ciudad (el barrio mochilero), he disfrutado cada minuto que he estado despierto. Mismo recuerdo que mi último sueño se trato de una aventura de emoción y metas personales.

Así que, luego de casi dos semanas en la casa de Pryia y Uday, he decido abrir más puertas y así mudarme al Bunk hostel ubicado en el barrio Paharganj. Antes de tomarme un uber, nos dirigimos con ellos hacia Majnu-ka-tilla, una colonia tibetana al noreste de Delhi. Un lugar establecido en entre el 1959-1960 con el exilio del Dalai Lama. Años más tarde se convirtió en una colonia de refugiados tibetanos. El último recuento fue en el año 2000, con una cifra de 2500 refugiados y en aumento. Un lugar con deliciosa comida tradicional y varios locales con ropa de marca a buen precio. Fue allí donde comí por primera vez carne de buey (lo mas parecido a la vaca que voy a comer en India) con tiras de papa cocinadas al agua.

De regreso al hostel, luego de una hora y media de tráfico, vi en la azotea (junto a mi dormitorio) varios jóvenes charlando así que tome la oportunidad para tirar mi mochilera en el cuarto e ir directamente a charlar con ellos. Gurleen, Niroop, Aashima y Silvia. Niroop es un guiá de turismo del sur de India de 27 años que recién volvía de 3 años recorriendo solo en moto todo el país. Gurleen y Aashima, son estudiantes del Norte de India (estudian para ser dentistas) y se escaparon el fin de semana hacia Delhi para despejar sus corazones que andaban medio dolidos. Y por último a Silvia una chica de Cataluña, aquel lugar que tantas noticias he visto en la televisión en los últimos años ya que quieren volver a tener su independencia de España, que no se lo quiere permitir.

Así que nos pusimos a charlar, con muchas energías y ganas de contar quienes somos, porque estamos acá y a donde vamos. La discusión se ponía muy interesante y continuamos en un bar entre risas y mucha alegría.

Aash, no paraba de mirarme. Esta era su primera vez que viajaba sola y fue la única solución rebelde que ella y su amiga habían encontrado luego de que sus novios las dejaran. Ya lo sé, estarán pensando ahora con mentalidad sudamericana y es aquí donde se equivocan. Me ha tomado mucho tiempo comenzar a entender la situación de la mujer aquí. Y no fue hasta que ellas se fueron que Aash me contó su historia y allí lo entendí todo. Me había llegado directo al corazón. La mujer no es más que una mala opción en este lugar, y la mirada de los hombres hacia ellas me causa repugnancia y enfado. No las ven como personas, sino como objetos sexuales y de reproducción. Ahora es cuando se que me he equivocado anteriormente cuando hablaba de las reglas en el metro. Pues si, India necesita un cambio urgente y eso no va a pasar si no es con fuerza.

En Panipat, cuando una mujer nace es una maldición. Aash era la cuarta mujer en su familia y sus padres la abandonaron cuando tenia dos años. Sola y sin familia, fue adoptada durante dos años por monjas y tiempo después adoptada por una familia que no podía tener hijos. Si, suena patético. Tirar a una niña a la calle tan solo por nacer niña, como si ella tuviera la opción de decidir. Fue a la edad de 9 años que su madre adoptiva le contó toda la historia con lágrimas en su rostro y Aash nunca preguntó ni quiso saber a cerca de su familia biológica.

Esa noche casi no tuve tiempo de dormir, aunque mi cansancio decía lo contrario. Vine a conocer cultura y ahora la estaba viviendo en vida. Las chicas y Silvia tenían planes de continuar viaje al día siguiente, pero fue tanto lo lindo que lo estábamos pasando que todos cambiaron los planes para estar más tiempo juntos.

Horas más tarde, a la mañana siguiente, dejamos a Silvia y a Carlos (el nombre que le puse a Niroop) dormir y partimos con las chicas hacia la tumba de Gandhi. No se si les recomiendo el lugar, que más allá de lo limpio, lo verde y lo silencioso, no hay nada más que llame la atención. Dos grandes lindos jardines y en el medio la tumba. Te pedirán quitarte el calzado y abonar una rupia para guardarlos y no sabrás que hacer luego de visitar la tumba. Aunque lo bueno ahora es que puedo contar un poco sobre este personaje de la India.

Mahatma Ganhi, nacido en Porbanar el 2 de octubre de 1869 cuando el Raj británico comandaba la India. Fue el dirigente más destacado del Movimiento de Independencia Indio y quien puso en marcha la desobediencia no violenta contra el gobierno. La idea era no utilizar o hacer nada que sea parte de Gran Bretaña. Como hombre de paz, sus protestas no eran con armas, sino con huelgas de hambre y predicación de su palabra contra el régimen opresor. Encarcelado varias veces, este personaje se convirtió en un héroe nacional. Todo billete hasta el día de hoy posee la imagen de él. Luego de viajar a Londres para mediar los términos de independencia, no se llegó a un acuerdo y junto a su esposa estuvieron en prisión domiciliaria en la ciudad de Agra. Su esposa murió allí en 1944 mientras él realizaba veintiún día de ayuno. Más tarde, luego de la independencia, en 1947 Ganghi propuso como primer cambio volver a integrar a las castas más bajas (entre ellas están los intocables) y desarrollar las zonas rurales. Lo que lo llevo a su muerte fue su idea de desaprobar la lucha religiosa, más que nada a favor de los musulmanes. El 30 de enero de 1948, Nathuram Godse, un fanático hinduista lo asesina con un disparo a la edad de 78 años. Sus frases pacifistas inspiraron al mundo aunque no todos quieren difundir sus palabras y no todos quieren recordarlo de la misma manera. Parte de la critica se ve en su forma extremista de ver la paz, cuando llamo a los judíos a morir antes que luchar contra los nazis. O cuando mando un mensaje al pueblo británico de bajar las armas ante los alemanes tomen todo lo que quieran, según él era mejor morir que luchar. "Ojo por ojo y el mundo quedara ciego".

Un tuk tuk nos llevo a nuestro siguiente destino, donde nos encontramos con Silvia, con muchas ganas y energía para salir a recorrer. Este lugar era grandioso, no era muy grande, 50 metros como mucho, pero simplemente resaltaba ante mis ojos. Unas largas escaleras se metían por varios metros en la tierra y un gran pozo en el final. Agresen Ki Bowli es un lugar protegido por la arqueología india, y aunque no se sepa quien lo construyo ni para que se utilizó, se piensa que este lugar fue construido en el siglo XIII como templo de agua, un lugar que funcionaba para almacenar agua pura de lluvia. Este lugar se los súper recomiendo. No les tomara más de media hora allí (en el mayor de los casos) y lo que verán los dejara atónitos.

Volvimos para asearnos un poco y para que las chicas agregaran una noche más y luego nos dividimos en dos grupos, los hispanoparlantes por un lado y los indios por otro ya que nosotros queríamos recorrer más sitios y ellos querían hacer shopping.

Nuestra primer parada junto a Silvia fue la tumba de Safdar Jang un gobernante de la India del siglo XVIII aunque no puse tanta atención en la arquitectura del lugar ya que Silvia estaba muy interesada en saber sobre el conflicto árabe-israelí que gracias a los medios de comunicación la verdad nunca sale a la luz. De eso se puede hablar por años y me tomo varias horas mostrar mi punto de vista como judío pro Palestina que vivió por 6 años en Israel e hizo el ejército. Fue complicado abrir la cabeza de ella que estaba tan segada por los medios y aunque los hechos son reales, el por que de todo nunca esta claro.

Y fue durante el final de esta discusión que un chico se nos acerco y nos dijo "no se asusten, no quiero venderles nada, ni robarles, tan solo los he escuchado hablar en español y me gustaría sentarme con ustedes". Harpreet, es un joven de 27 años de religión Siquista , que aunque dice no seguir la fe a su máximo potencial, el kesh (no cortarse el cabello nunca, como símbolo de respeto hacia la creación de dios) es parte de si mismo y menciona tener vergüenza de mostrarlo (ya que el mismo se cubre con un turbante). Ash, Gurleen y Carlos se nos sumaron mas tarde y pasamos toda la tarde en los Jardines Lodhi, un bellísimo lugar en el medio de la ciudad, con muchos jóvenes cantando, jugando y haciendo picnics.

Otro tema que me gustaría mucho discutir ya que toca mucho mis sentimientos y no puedo dejar de discutir, es el tema de las castas. La palabra casta viene del portugués y significa raza o linaje. La misma existe en la India desde tiempos coloniales y es así como separan de forma jerárquica a la sociedad. Esto se basa en el nacimiento del hombre a través de las distintas clases sociales. El sistema de castas puede ser diferenciado de varias maneras aunque la mas común es el sistema de castas Varna. De mayor a menos prestigio tenemos a los religiosos junto a los profesores, los gobernantes y los guerreros, los artesanos junto a los mercaderes y por último la casta inferior que son los trabajadores y sirvientes.

Pero hay una casta mas que no se incluye en este sistema por estar más abajo y esta es la de los Dalit *"los intocables"*. A lo largo de la historia esta gente fue muy discriminada. Viviendo en la pobreza total y sin oportunidad de poder estudiar.

Con las nuevas reformas del gobierno, así como la mujer comenzó a tener algunos privilegios especiales, también los Dalit. Aunque siguen siendo excluidos socialmente de la sociedad como por ejemplo en las escuelas, están separados de los demás y no pueden ver a la maestra sino tan solo escucharla. El gobierno los intenta recompensar por todo el sufrimiento que pasaron. Entonces comenzaron a hacer puestos de trabajo unicamente para ellos, y en cuestión de pagos al estado, tienen una tarifa más baja. Exactamente, ellos pagan menos impuestos que los demás.

Ahora, una cosa que realmente cabe destacar ya que hasta el día de hoy es sumamente incorrecto mencionar eso es que los Dalit son pobres y que todos los ciudadanos que vemos en la calle durmiendo pertenecen a esta casta. Un término sumamente errado. Hoy en día muchos de ellos consiguieron trabajos con muy buenos salarios, lo que significa que han podido salir de la pobreza extrema. Hoy en dia la mayoría de los que viven en las calles no son Dalit, puede que haya uno que otro, pero el término "intocables" sigue siendo igual para los ojos del mundo. No solo fueron videos o informes los que me hacían pensar así, sino que hasta el día de hoy si entras a internet a buscar sobre esta casta seguirá mencionando el estatus de pobreza total y discriminación.

Hablando de discriminación, tengo una pequeña historia que contar y que esta relacionando al sistema de castas. ¿Recuerdan a Gurleen?¿Recuerdan que también mencione que su novio la había dejado un día antes de que yo las conociera? Bueno, resulta que esta pareja se conoció y se enamoro, pero ella se cuestionaba mucho la idea de continuar esta relación ya que sabía que por cuestión de castas sus familias no permitirían esta relación. El chico la convenció de continuar y así fue por unos largos seis meses. Y entonces el chico tiro la toalla.

Y así, un día, me tuve que despedir de todos, ya habían agregado un día más para estar juntos pero ya era hora de decir "hasta la próxima". Silvia se fue al norte a un mes de yoga, Carlos volvió a su casa después de tres largos años y Gurleen y Aash volvieron al norte para terminar su ultimo año de Universidad. Los voy a extrañar mucho, más que nada a Aash ella tenía mucho más para contarme, aunque me prometió en unos años venir a Uruguay a verme y conocer el mar por primera vez.

Al día siguiente camine unas cuantas cuadras hasta llegar a un especie de parque, pero más que parque se parecía a una floresta salvaje. Sali a trotar un rato pero a los pocos metros me tope en el camino con un jabalí, o un chanco con grandes colmillos, que se yo. Era muy grande y la idea de acercarme para averiguarlo no estaba en mis planes.

La contaminación llegaba hasta aquí, el nivel de basura en esta ciudad es fatal. Después de una hora de entrenar volví al hostal donde mi siesta se alargo hasta el día siguiente.

El día de hoy fue súper tranquilo. Junto a Nicola (un joven de Canadá) fuimos a un guest house a comer una sabrosa y casera pasta con tuco. Más tarde lo acompañé hasta el mercado para comprar un acordeón. El chico se había escapado de su país, ya que no soportaba la rutina. Así que se vino a India para vivir unos años en las montañas. Lo interesante es que solo llevaba dos mudas de ropa.

Y tenía que llegar el día, luego de tres semanas en Nueva Delhi me toco estar enfermo de la panza. Esto es todo una aventura. Primero que nada no tendrás a alguien que te cuide, tu seras el doctor. Eso también significa que tu deberás moverte para conseguir alimentos sanos. Quizás de donde vengo simplemente cruzas la calle, vas al supermercado y compras lo que sea. Siempre tendrás un microondas, un horno, agua caliente… pero no aquí. No como mochileros. Conseguir un pan que no este frito, un poco de queso, arroz, agua y huevos me tomo más de una hora y entrar a diferentes puestos callejeros. De allí es confiar que esos productos no estén contaminados porque ese sí sería un gran problema.

Pase un día entero en cama ya que mi cuerpo expulsaba liquido por cada orificio de mi cuerpo y ya al día siguiente con un poco de dolor de panza salí a caminar y continuar el camino. Ya pienso en continuar mi viaje hacia otro sitio. Los dos o tres días que se recomienda quedarse en Delhi se han convertido en casi un mes. Me ha gustado mucho el lugar, tan distinto a todo lo que conocía. Pero la cantidad de personas, la mugre, la polución y la locura del lugar, me exige continuar.

Otro de los puntos que conocí y me había olvidado de mencionado es el Templo de Loto Bahái ubicado al sudeste de la ciudad. Muy fácil de encontrar si vas en metro (la forma más fácil y barata de viajar en la ciudad), bajándote en la estación Kalkaji Mandir. De allí caminarán a mano derecha, atravesarán una pequeña feria y verán la entrada a mano izquierda. Lo único que les recomiendo es no llevar nada de comida con ustedes, ya que tendrán que tirarla al ingresar. La entrada es gratuita, pero a mi gusto no fue un punto interesante de visitar. La idea era conocer los 8 templos y santuarios Bahái que existen en el mundo; Samoa, Panamá, Uganda, Alemania, India, Chile, Australia, Estados Unidos e Israel (santuario del profeta Bahá´u´lláh en Acre y de precursor Báb en Haifa).

En fin, entre el hinduismo, el islam, el sikhismo, budismo y el bahái entre otros, la India esta protegida por más de 33 millones de dioses. Que los dioses se amparen de este lugar. Que en ves de pedir sus plegarias, ellos deberían pedir perdón por llevar a la India a este estado.

En simbología me gustaría hacerles entender ciertos símbolos que podrían ser mal entendidos, ya que su interpretación va de la mano del lugar y tiempo. El primero de ellos es la cruz cuyos brazos están doblados en angulo recto. Nosotros tenemos un muy mal concepto de este símbolo, ya que Adolfo Hitler la utilizó como símbolo del nazismo y gracias a eso, hasta el día de hoy esa imagen es tan repudiada en el mundo. Pero como dije antes, ese símbolo no era de él, sino que en realidad tiene mas de 2500 años de antigüedad. La primera vez que se vió en la arqueología fue en Samarra en el siglo V antes de Cristo. En el budismo, la esvástica se usa en posición horizontal (a diferencia del nazismo que esta rotada 45 grados) y representa el todo, la eternidad. En el hinduismo es uno de los símbolos mas conocidos y usados, depende de como coloques la esvástica (sentido horario o antihorario), simboliza a Brahma (el concepto impersonal de dios) o a Shivá (el dios destructor).

Otro de los símbolos que podrían mal interpretarse según la cultura es el contacto entre dos hombres. Aquí en la India es común tomarle la mano y el contacto (no sexual) con alguien de tu mismo género. Eso significa confianza, entre hermanos o amigos.

Mi último día en Delhi se puso de fiesta. Tres chicos de la India, con los que compartí los últimos días me pidieron pasar juntos la ultima noche, con cerveza y música. De cuatro pasamos a ser más de diez, contando a los tres chinos que no compartían ni su nombre. Pero aquí es cuando el hielo se debe romper. Tomando alguna que otra palabra del Google Translate logré que se unieran a nosotros y que pongan música tradicional de ellos. Aunque no bailaron nos hicieron bailar.

Madan, un chico de Jaipur (una ciudad al sur de Delhi) se había encariñado mucho conmigo. Yo había sido la primer persona del mundo (no de la India) que hablaba con él. En esos días lo ayude a mejorar su ingles, bueno, en realidad la idea más que nada era que no se avergüence y hable hasta con errores. Solo de los errores podemos mejorar.

Entonces la noche se comenzó a poner intensa, mucho alcohol, y música de todas partes del mundo. En un momento colocaron música típica del norte y comenzaron a bailar. Era muy raro, me reía con ellos de la forma de bailar. Allí uno de ellos me explico que aquí en la India, cuando se baila, se baila para uno mismo, sin importar como o para quien. No es una competencia de baile, sino disfrutar el momento.

Pocas horas tuve para dormir, ya que el tren hacia Agra partía a las 6 de la mañana. Así que tome mi mochilera y mi mochila y comencé a caminar hasta la estación, ubicada a unos 15 minutos del hostal.

Con mucho sueño, el tren partió a 150 km/hora para recorrer los 235 kilómetros de distancia. El viaje costo más de lo esperado por la baja cantidad de pasajes disponibles. Las vacaciones aquí han comenzado y la gente quiere pasear. Aun así el precio no superaba los 10 dólares.

Más allá de mis ojos entrecerrados, hubo algo que me llamo mucho la atención, pues de donde vengo no es habitual presenciarlo. La cantidad de hombres y mujeres defecando en las vías del tren me habían dejado en shock. Sin ninguna vergüenza, con los pantalones bajos y una botella de agua. Había contado unas cincuenta personas en esa situación. Pocos metros separaban a unos de otros. La escasez de recursos y la infraestructura tan precaria me tenia atónito.

Entonces llegue a Agra, la ciudad del Taj Mahal, o quizás algunos también digan, la ciudad de Aladdin. Al salir de la estación de tren busque un tuk tuk que me llevara hacia Moustage un hostal a 10 minutos caminando del Taj Mahal. Allí me encontré con Mona, un conductor de tuk tuk que luego de abonar 150 rupias me llevo a mi destino. En el camino me ofreció el servicio de guía por la ciudad y acepte sin dudar, por su carisma y buena onda. Quede con él que a las 12 del mediodía me pasaría a buscar.

Al llegar al hostal no me dejaron hacer "check in" porque era muy temprano. Estaba muy agotado y solo quería dormir. Así que subí al techo del mismo, donde tienen un restaurante y me acomode para descansar un poco, pero el sol y la música hacían muy difícil que cumpliera con mi objetivo. Así que no fueron más de 20 minutos que pase con los ojos cerrados hasta que el sudor me gano de mano. Baje a pedir si podía entrar solo a bañarme ya que en pocos minutos me tenía que ir y aún no podía hacer el "check in". Por suerte me ofrecieron el baño del cuarto privado para refrescarme.

Mona ya estaba afuera esperándome cuando salí del hostal. Me subí en su tuk tuk y partimos hacia el Fuerte Rojo de Agra. Me dejó en un punto y me dijo que cuando terminase volviera al mismo lugar que él estaría esperándome. Entonces me dirigí hacia la puerta del fuerte y varias guías comenzaron a atomizarme de que tenía que entrar con guía, yo mostrándoles mi celular como diciendo *"aquí esta todo lo que necesito"*. Aboné las 600 rupias (no aceptan tarjeta de crédito) y comencé mi caminata.

Construido por el emperador mogol Akbar (1565-1573), podría describirse como varios palacios encerrados por una gran muralla y junto al mismo un enorme foso que se llenaba con el agua del río Yamuna para el uso del emperador y de los habitantes del lugar. Desde 1983 es considerado por la Unesco como Patrimonio de la Humanidad.

De vuelta al estacionamiento compre dos botellas de agua, una para mi y otra para Mona. Allí estaba él esperándome. Luego me llevo a la tumba de Itimad-Ud-Daulah (el pequeño Taj) y a otros puntos más. Más tarde me llevo a comer a un restaurante de primera categoría sin saber que yo pagaría su comida, pero bueno es parte de la aventura. Por último me llevo de regreso y cuando le pague otras 500 rupias me dijo que no era nada, que tenia que darle de comer a su familia. Le di 100 más solo para que se fuera. Me pareció interesante compartir tiempo con él pero no es para que nos quiten dinero sin para, por la única cualidad de ser turistas.

Mis ojos ya no podían mantenerse abiertos así que aproveche para dormir una larga siesta. Cuando me levante presencie una fea riña entre dos trabajadores del lugar y un cliente griego (Jorge) a causa de una diferencia cultural. El problema se desarrollo por la forma de pedirle a Jorge el dinero de la estadía y su reacción de enojo se paso de la raya pero todo se solucionó luego que fui a charlar con cada uno por separado y hacerles entender que así no llegaríamos a ningún lado, y que con palabras podían solucionar todo. Y así fue, hoy en día hay una sonrisa entre ellos cuando se ven.

Tempranito a la mañana siguiente, siendo las 5 de la mañana, me desperté rumbo al Taj Mahal. Luego de coger mi botella de agua y el cobertor de championes (para los lugares santos) que te proporcionan en el lugar luego de adquirir el ticket, esperé en la fila junto a una chica francesa y otra de Islandia que recordaba haberlas visto en mi hostal.

Pocos minutos antes de las seis de la mañana, las puertas se abrieron y la muchedumbre comenzó a empujar. Que se jodan quienes no vean la gran cantidad de excremento de vaca que estaba ubicado en el medio de todos. La entrada a la maravilla del mundo cuesta aproximadamente unas 1100 rupias (15 dólares americanos) y también puedes adquirir por 3 dólares más la entrada al mausoleo, aunque personalmente no lo recomiendo. No podrás sacar ninguna foto y sera menos de un minuto para ver una tumba como cualquiera que verán en Delhi.

Pero allí estaba yo, frente a esa gran estructura que tanto había oído hablar. Aquel lugar que tanto quería ver aunque sea una vez en mi vida. No me llamaba tanto la atención que sea una de las siete maravillas del mundo sino lo impresionante e inmenso que iba a ser. El gran palacio de Jasmin (personaje de Disney).

Como resultado de una bella y trágica historia de amor entre el emperador Sha Jahan y su amada Arjuman. Un hombre que se enamoró perdidamente de una mujer que vendía cristales en el mercado. Pasaron años para que esta relación fuese posible pero al final fueron inseparables. Ella apoyándolo en las campañas militares y el mimándola con flores, regalos y joyas. Sha se encontraba en el norte, discutiendo con sus generales estrategias militares cuando se entero que su amada estaba teniendo problemas de parto de su terciabo hijo. Sin dudarlo abandono todo para estar con ella y así murió, tomándole la mano. Perdido en un mar de lágrimas, el emperador se encerró en el Fuerte Rojo de Agra olvidándose de todo cargo que tenía ante el imperio y años mas tarde mando construir el Taj Mahal con las piedras y joyas más lindas y caras, aunque nada le devolvería la vida a su bella amada. Años mas tarde él fue enterrado junto a ella, juntos en la vida y en la eternidad.

De vuelta al hostal era hora de tomar una siesta. Varios días de pocas horas de dormir para poder ver y disfrutar más. Aunque a veces el cansancio te dice "basta".Más tarde nos dirigimos con la moto de Jorge (él se había comprado una moto para viajar por toda la India) hacia el otro lado el río para poder deleitarnos con la puesta del Sol, con el Taj Mahal de fondo. Con la cámara en mano no todos los lugarenos se sintieron comodos, y una mujer nos arrojo un especie de polvo colorido que mancho nuestras ropas y un hombre también se nos acerco con fea actitud. Más adelante nos topamos con más grupos que estaban celebrando el festival de Dussehra (la diosa que venció al demonio) y estaban muy contentos de que estemos allí filmando y bailando con ellos.

A la noche, luego de lavar mis prendas, me dirigí al techo del hostal, al restaurante donde Matthew (dueño del hostal) me entregó el micrófono (por ser medio vergonzoso) y me pidió que cantara. Pues el canto no es lo mio y hablar frente a tantas personas no me es muy cómodo, pero si me gusta romper el hielo. Así que al agua me metí "welcome everyone, buenas a todos, bonna , oyasuminasai (buenas noches en japones), sorry my japonese it not really good. Today is the karaoke´s night, and we all need to sing" mi voz era espantosa y estaba un poco nervioso, pero sirvió para conseguir tragos gratis y pasar toda la noche hablando con personas de Uruguay, Perú, Chile, Italia, Alemania, Taiwan, Japón, Grecia y obviamente de la India. Personas que quizás algún día volveré a ver, el contacto se hizo, la buena onda también y quien dice, algún día, cuando quiera conocer otro país, tendré un lugar donde quedarme. Todo por tomar ese micrófono.

Once horas más tarde me estaba levantando para tomar un café, por fin había descansado como era debido. Todos se habían ido menos Jorge. Y aprovechamos para ir juntos a un café que me habían recomendado llamado Sheroes Hangout. Este lugar me emocionó mucho, hasta me hizo lagrimear. Eso si que es difícil para mi.

Un lugar que el amor y el buen trato (algo difícil de ver aquí) se siente desde que se entra hasta que se sale. Como ya había comentado antes, nacer mujer en la India no es algo bien visto. Tanto es así que una de las cosas que han pasado en los últimos años es que hombres rocían ácido en la cara de las mujeres. Más de docientos casos por año. Tan solo por el hecho de ser mujer. Un video introductorio tan emotivo que comer se te hará muy difícil luego de verlo. Estas mujeres luchadoras siguieron adelante y son los mismos turistas que les dan fuerza para ello. Una de ellas decía que la felicidad comenzó nuevamente luego de abrir este café y que las personas no la veían como un monstruo sino como una luchadora.

Si tengo que recomendar un lugar para ir, sin dudarlo les diría que este es el sitio. Los trataran de una forma muy linda, les sonreirán siempre. Tú serás quien al verlas a los ojos, no veras esas marcas sino una mujer dulce y hermosa. Luego tú pagaras lo que pienses que es correcto.

Al final del día, continuamos con Jorge conduciendo kilómetros y kilómetros inundándonos de esta festividad. A muchos no les gusta la cámara, pero si mi sonrisa y eso los tranquiliza. Llegamos hasta una gran feria que mostraba otra de las caras de la India. Ropas de marca por todos lados mientras que la mayoría del público no tenía que colocarse en los pies.

Al día siguiente volví al café Sheroes Hangout, necesitaba compartir lo que estaba había vivido. Hable con el dueño del lugar en conjunto con las chicas y todas estaban fascinadas en poder aparecer en un video. Una de las chicas se sentó junto a mi y me empezó a contar su historia, del porque los hombres hacen eso, es la historia del Sheroes café. Una traductora se sentó al lado de ella para poder comunicarnos ya que su único idioma era el hindi.

Cientos y cientos de historias escuche en ese lugar. "Me casé con un hombre tierno y dulce cuando yo tenía 21 años, pero un tiempo después su actitud empezó a cambiar. Un día discutimos porque yo no pensaba igual que él. A la una de la mañana entró al cuarto y me tiro ácido en la cara"

Cumpliendo mi cometido y con la mejor de las energías, abrace a cada una de ellas con una gran sonrisa en mi rostro. Ellas estaban muy felices, se podía notar en ellas y en el clima que habíamos generado. Espero este mensaje llegue a cuantas personas pueda, esto debe parar y hacerse justicia.

Unas horas más tarde partí en tuk tuk hacia el punto donde un ómnibus me llevaría a Jaipur. Aunque no estaba en mis planes, le había prometido a mi amigo que iría y allí voy. Comenzó noviembre y el invierno tendrá que aguantarse unos días más.

Una camioneta vino y el chico del lugar me dijo que me subiera. ¿Este es el ómnibus cama que estaré seis horas dentro? Deje mi mochilera y mi mochila en el poco espacio que encontré y comencé a cerrar los ojos. 15 minutos más tarde, la camioneta frena y todos bajan. Un ómnibus estaba allí esperándonos. Pregunto si este se dirigía a Jaipur y el hombre que ya había tomado mi mochilera asintió con la cabeza. Con una tiza marco L3 (refiriéndose a mi asiento) en mi mochilera y me subí. L3 era el primer lugar. Abro una cortina y me encuentro con una sorpresa. Pues coche cama (sleepers) en la India no es como yo estaba acostumbrado. En mi cabeza siempre estuvo un asiento que se reclinaba un poco (no demasiado), pero me encontré con una cama, con luz (aunque no funcionaba), enchufe USB, y un lugar donde dejar mis championes. ¡Excelente!

Siendo las 11 de la noche, el chofer me despierta, esta era mi parada. Me comunique con Madan y le dije donde me encontraba. Tome mi mochilera y lo espere una media hora al lado de un restaurante callejero. El lugar no se veía confiable pero mucha tranquilidad y todo va a salir bien. Entonces un conductor de tuk tuk se me acerca para ofrecerme sus servicios al cual respondí "no gracias", pero el hombre persistente, continuo y continuo haciéndome preguntas de todo tipo (muchas de ellas personales como, ¿cómo se llama mi amigo? ¿donde vive?). Cuando entendió que no iba a ganar esta batalla se retiro, y otro vino. Lo mismo hasta que llegó el tercero. Yo estaba prendiéndome un cigarrillo cuando comenzó con sus preguntas. Esta vez ya me había enojado. Le respondí con cara fea "no gracias" al cual me respondió "¿porque me hablas así?". Tal parece que fumarse un cigarrillo en paz sin hablar con nadie no esta en mi derecho. Pero ya volveremos a eso.

Madan llego con un amigo y nos fuimos a buscar un hotel/hostel cercano porque unas horas después deberíamos estar cerca de allí para visitar un lugar y luego volver hasta la casa de él en las afueras de Jaipur. Al entrar a uno de los hoteles, el hombre de la recepción le dijo a mi amigo que no aceptaban extranjeros. ¿Alguna vez habían escuchado hablar de eso? Un hotel que no acepta turistas, jamás había escuchado algo parecido.

Buscamos otros lugares pero al no encontrar nada rápido Madan se molesto y me pregunto si me molestaría volver hasta su casa. Al contrario, era un placer para mi. Camino a su casa nos detuvimos en un tipo de cantina que abría hasta tarde para que yo comiera algo. En todo momento me sentí muy cómodo con mi amigo. Son muy hospitalarios y buscan tu comodidad aunque no conozcan tu forma de ser. La comida comenzó a picarme menos, mi estomago debe estar acostumbrándose a los fuertes condimentos de la India.

Descansamos tan solo dos horas hasta que Ashish (otro de los chicos que compartió conmigo en Delhi) nos despertó con una llamada para que saliéramos ya. Luego de pasar a buscar a más amigos y a Alex (un alemán que estuvo con nosotros y que estaba quedándose en un hostal en Jaipur) partimos en un sheep (antiguamente perteneciente a la policía) hacia el fuerte de Nahargarh donde nos esperaría una nueva aventura. Frenamos en un puesto callejero donde el hombre nos preparo unos te con leche, alimentamos a los patos del río y comenzamos a subir velozmente la montaña hasta llegar a la cima. Nos descalzamos, entramos a un templo y un señor religioso nos marco la frente. Tocamos la campana para llamar a los dioses y subimos hasta el campanario donde obtuvimos una vista 360° de toda la ciudad.

Luego bajamos, nos colocamos los championes nuevamente y nos adentramos en la floresta. Aman (el tercer mosquetero de Delhi) me contaba que nadie conocía este camino. Ningún turista entra aquí y los habitantes de la ciudad no saben del mismo. Él recuerda un paseo de la escuela que los llevaron para allí y recordaba donde quedaba. Paso tras paso, caminamos por 20/30 minutos hasta un lugar con una vista estupenda.

Nahargarh significa la casa del rey, y es porque una vez este lugar formó un anillo de defensa para la ciudad. Una gran muralla a través de las montañas recubría el lugar con un color rojizo, algo que llamaba la atención ante el verde de la floresta.

De vuelta hacia la casa en motocicleta frenamos en un local de tan solo 2x2 para pedir un sandwich. Nos dirigimos al segundo piso donde la oscuridad casi no dejaba ver una mesa y dos sillas cubiertas por tela araña. Allí esperamos la comida y luego cuando nos fuimos. Madan me dejo conducir su motocicleta hasta su casa. Esta claro que el casco no es parte de la indumentaria en estos lugares.

Sin tiempo de descansar, tomamos un baño y me presentó a toda su familia. Desde los hermanos, sobrinos, padre, madre y hasta a su abuela que aunque no podía ver tome su mano para que me sintiera.

Pero mi bienvenida no quedo allí, pues cada uno de los vecinos me ofreció entrar a su casa para conocer a su familia. Casa que entraba, vaso de agua que me servían. En un momento observe a mi gran ejército de niños que me seguía durante todo el camino. Me presentaban a sus madres, sus hijos y hasta a sus vacas o búfalos.

Con los ojos medios entrecerrados del cansancio camine con Madan unos metros y entonces llego un auto y él me dijo que me metiera. Esas cosas raras que no entendés pero que haces por confianza en el otro. Resulta que Madan tenía que cerrar unos asuntos de trabajo y un amigo de él me llevaría hasta un lugar donde pasaríamos la noche.

Cuando el auto arranco, algo paso. Un niño tomo una piedra y se la arrojo con enojo a una vaca que pasaba por allí. No lo podía creer, no era tan solo el hecho de que la vaca es un animal, un ser vivo como nosotros, sino que en la India, la vaca es como una madre, una figura sagrada. Pero de todos los hombres que se encontraban allí nadie le dijo nada.

Entonces todos llegaron y el hermano de Madan nos cocino cabra para todos, que iban comiendo a medida que iban llegando. En un momento se me acercó y me contó del honor que es tenerme en su casa y que le gustaría que invitara a su hermano a la mía algún día. Sus palabras me hacían entender cuanto él quería a su hermano y del honor de tenerme como huésped.

Luego que se fue, Madan pudo tomar y fumar con nosotros. Hay mucha ironía en estos lugares, donde las reglas de la religión predominan y muchos jóvenes no desean seguirlas, entonces en silencio rompen esas reglas y queda como un gran secreto.

Ashish me pregunto la diferencia entre India y Europa. Cosa que me tome mi tiempo para discutir punto tras punto. Desde la higiene, el lujo, las reglas, el tránsito, el orden, el respeto y muchas cosas más. Pero en cada punto le comentaba sus cosas buenas, como sus cosas malas. El sistema capitalista no pudo dar el gran golpe en esta zona y eso genera más humildad en las personas. Menos consumismo y más aventura. Le explique sobre la palabra utopía, desde la primer utopía escrita en 1516 por Thomas More hasta el día de hoy. Le conté sobre la idea y el porque del término. Discutimos la gran utopía de la paz mundial y como nadie sigue el camino. Al principio lo note un poco confundido. El mundo era muy extraño para él, así que me puse a explicar la idea más internamente. Desde los conflictos por tierra con China y Pakistán hasta el mismo sistema de castas.

Luego me miro y me dijo "Andi, yo nunca tuve una novia". Eso dio para hablar por mucho tiempo. Le explique todo mi punto de vista sobre como es la diferencia de genero aquí. Como el contacto hombre y mujer es mas sexual que otra cosa. El poco respeto que se les tiene y como se las mira. "No porque sí muchas mujeres (no musulmanas) cubren sus rostros cuando salen a la calle" le dije.

A la mañana siguiente al volver a la casa, Madan me pidió y explico que deberíamos bañarnos y limpiar nuestras ropas porque estaban contaminadas. La carne animal y la cerveza son dos productos del mal. Para entrar a su casa donde uno de sus cuartos es un templo para los dioses deberíamos limpiar nuestro cuerpo, alma y vestimenta. Fue extraño, pero como toda vivencia diferente, me sentí bien.

Y mientras que un pequeño ratoncito caminaba de las cortinas de la ventana hacia mi ropa y de mi ropa hacia un pequeño agujero, me puse al día para escribir unas líneas de este viaje que me tiene muy contento.

Entonces comencé a tener más contacto con la familia. Una tarde le pregunte a Madan si podía fumar un cigarrillo (sabiendo que solamente el padre fuma). Sonrió y me dijo que sería lindo que fumara con su padre. Quizás para nosotros sonará algo simple, algo cotidiano, pero esto fue más un ritual, algo mágico y de mucho respeto. Sentarse con el padre significa más de lo que pensamos, él es la cabeza de la familia, el máximo respeto. Ni siquiera comen con él, sino después de él. Ahí mismo su padre y madre comenzaron a preguntarme sobre mi, mi familia, mi futuro. Se habían encariñado conmigo y me invitaron a la futura boda de su hija, que se encontraba frente a mi.

En la India, aún existe el ritual de buscar la/al esposa/o de sus hijos. Poco sabe uno del otro hasta que se casan y comienzan a vivir juntos. Y eso fue lo que paso con Madan, que luego de conocer bien a su esposa, entendió que no era para él. Aunque no es nada fácil divorciarse. Como en todo país del mundo, la parte legal demora varios meses en actuar, pero en la parte religiosa, una mujer que se divorcia queda marcada. Ella y sus hermanas. Conseguir una nueva pareja no sera nada fácil.

La nueva generación ya no gusta de seguir las tradiciones y guardan todo en secreto. Desde novias, comida, cigarros y alcohol, son cosas cotidianas que los jóvenes hacen sin contar. Tanto es así que todo joven de la India que conocí tomaba alcohol y fumaba cuando estaban fuera de la casa.

Otra de las cosas que me llamo la atención, aunque nada de otro mundo, fue cuando les pedí a mis amigos ir al cine a ver la tan criticada película "El Jocker". Como siempre, algo que entendí desde mi primer día en este país, es que todos están apurados, pero nadie llega a tiempo. Y así, tuvimos que conducir varios kilómetros ya que el lugar a donde pensábamos ir a ver la película ya había comenzado. Nos detuvimos por comida callejera y nos dirigimos a otro cine.

Al comenzar la película, Ashish me agarra del brazo para que me levante. ¿Qué pasa acá? Pues antes de comenzar una película extranjera, se debe cantar el himno nacional para honrar la historia de la India y que lo que veremos no es más que lo que llamamos "una farsa". Durante toda la película la propaganda anti tabaco estuvo presente. Y las imágenes de permisos para ver la película aparecían después de casa propaganda.

El ultimo día, luego de despedir a toda la familia, con una lágrima en la mejilla, me dirijí con el hermano menor hacia el centro de Jaipur para almorzar antes de las supuestas 16 horas hasta Varanasi. En el camino me contaba de su novia secreta, una relación de 7 años que no quería terminar. El único problema era la diferencia de casta. Sus respectivos padres nunca permitirían esta relación y la única opción que piensan es esperar a que ella termine de estudiar y con un buen trabajo presentar su relación. Aunque él se mostraba muy optimista, me decía que eso no es algo bien visto y que posiblemente la respuesta sea un: NO.

Antes de llegar al restaurante, freno y me pidió que me quedara en el auto. Bueno, no cumplí, por que tenía que comprar agua para el viaje. Los ómnibus no cuentan con comida, bebida o baño pero es una opción económica si no quieres tomar un vuelo.

Minutos más tarde volvió con varios regalos de parte de él y de la familia. Me puso muy contento. Estaba muy agradecido de como se habían comportado conmigo. Me habían tratado como un rey o más aún, como parte de la familia. "Siento que un hijo se me va" Le dijo la mamá de Madan a él.

Llegamos a un restaurante llamado Spice Court, el mejor lugar de toda la ciudad, donde famosos y políticos vienen cotidianamente a uno de los mejores servicios y comidas del lugar.

El ómnibus tuvo varios problemas en el camino, primero con con el lugar para las maletas, luego con la rueda trasera. Mi viaje de 16 horas se volvió un viaje de 22 horas. Los mismos no cuentan con baños y en los pocos momentos que le preguntaba por la próxima parada para orinar, su respuesta era "si,si". Nada funcionaba, ni la televisión, ni la luz ni el enchufe. Por suerte el aire acondicionado si, por lo menos en la mayoría del tiempo que el ómnibus estaba en marcha.

Llegamos a Varanasi a las 12:30 pm. Muy cansado y con ganas de orinar, buscamos junto a un alemán un tuk tuk que nos llevase a nuestros hostales que quedaban muy cerca uno de otro. Sabíamos que el precio total no podía exceder las 150 rupias. El primero nos quería cobrar 200 cada uno. Que enojo. Que estafa. Cuando conseguimos un tuk tuk por 150 los dos estaba ya con un chico adentro y fue a él a quien llevo primero. Y nada cerca. Otra media hora aguantando mi vejiga llena, otra media hora tirada a la basura. Al final le pedí que me dejara en un punto "x", a 10 cuadras del hostal ya que no nos podíamos entender con el conductor y nos quería llevar a un hostal donde él recibiría un porcentaje.

Luego de acomodarme en el hostal Moustache (misma compañía con la que me hospede en Agra), me encontré con varios jóvenes de Inglaterra, Canadá y Francia que querían hacer un tour en la tarde así que me uní. Siendo las 16:35 partimos unas cuadras hacia el muelle Baranas donde una barcaza nos llevo a conocer el río Ganges. Esta ciudad, pero más que nada este río es muy famoso por sus rituales de cremación. Todo hombre quiere llegar a Nirvana (el mas allá) y para ello creman su cuerpo luego de morir y luego arrojan sus restos y cenizas en el río. Al final algunos de ellos entran cuerpo completo en el río para purificar sus almas.

Millones de devotos yacen en este río, ya que para el hinduismo es el lugar más sagrado y su principal centro de peregrinación . Año tras año más de 32 mil cuerpos son arrojados al Ganges. Para aquellos que no tiene dinero para cremar sus cuerpos son arrojados con piedras atadas a sus extremidades.

La cantidad de bacterias fecales y contaminación que posee este río ya no da a basto. Hombres, mujeres y niños entran en el río a refrescarse, lavan su ropas y hasta beben del mismo. Todos los años, durante el verano, las salas de los hospitales desbordan de niños que deben ser tratados por enfermedades que se contagian en el río Ganges.

Nada fácil es ver un cuerpo humano quemándose, y respirar ese humo que aunque no huele a cadáver sabes que viene de uno.

El ritual tiene diferentes etapas. Primero los familiares esperan 6 o 7 horas, luego se busca al maestro de ceremonia. El mismo será el esposo del muerto o el hijo mayor. Si la mujer es viuda o no tiene hijos, el maestro sera el familiar más cercano varón. Luego tendrá que rapar su cabello y colocarse una túnica blanca. Las mujeres más allegadas se encargaran de envolver y decorar el cuerpo con telas y flores. Los familiares juntan la madera para la incineración. Pasadas esas 6 o 7 horas el cuerpo es transportado en una base de bambú hasta el ghat recitando "rama nama staya hai" que significa "el nombre de dios es verdad". Al llegar al río se sumerge el cuerpo para purificarlo, limpiando su alma. Por último luego de un rezo de rodillas hacia el cuerpo, se le quita toda la tela menos la ultima capa (que sera roja para las mujeres y blanca para los hombres). El maestro menciona su nombre, donde vivía y porque murió y va al templo de Shiva en busca de la llama eterna del fuego sagrado. Con unas pajas recoge el fuego y rápidamente da cinco vueltas junto al cuerpo en representación de los cinco elementos: fuego, agua, tierra, viento y espíritu.

La parte del corazón en los hombres y la cadera en las mujeres parecen ser las regiones más difíciles en ser incineradas. Así que pasadas tres horas esos restos que quedaron sin quemar se arrojan al Ganges y poco a poco se va apagando el fuego con el agua del río.

Si alguna vez leyeron algo loco e interesante esta es su oportunidad.

Ayer a las 4 de la tarde probamos una droga llamada Bhang lasi. A base de leche, azúcar, hierba alfa y hojas de cannabis .

La receta tiene más de 3000 años en el país y se usaba para bebidas y comidas. Más que nada en el festival Holi. Está fue mi experiencia:

Era una sustancia viscosa y líquida al mismo tiempo, dulce. El color verdoso.

Ahora veo mis dedos escribiendo estás notas y los veo doble. Aunque mi cerebro sigue funcionando, la capacidad de entender lo que hago se vuelve confusa.

Al principio sentí que mi rostro caía . Luego el humor y por último el silencio . Nadie se habla. Nadie se mira. Cada uno en su punto fijo.

Cuando intento comunicarme tengo miedo en sus miradas. Cada uno en su mundo.

Leo al mismo tiempo que escribo y siento que son mis sentimientos más reales .

1

Tomando en cuenta la hora que consumimos la droga ya ha pasado una hora y media, hace poco que nos volvimos a comunicar.

Nos reímos otra vez. Y nos callamos .

De nuevo cada uno en su mundo . Analizó el terreno.

Una chica desliza de arriba a abajo el WhatsApp. Otro chico está mirando unas gráficas .

Veo el color rojo y azul de las líneas en la grafica. De arriba a abajo .

Mi cuerpo está cansado.

Me duelen los músculos.

Me río.

2

Jugamos a las cartas. Un juego nuevo. No sabía la reglas pero durante la partida aprendí o simplemente actuaba raro.

Terminamos, y terminé segundo. Dos de cinco. Nada mal. Solo pasaron 16 minutos.

3

Reclamo comida. Nadie quiere.

Vuelven a jugar a las cartas. Yo no juego.

Vuelvo a escribir. Mi boca seca como ese paisaje de una brisa que corre por el desierto. Ya quiero que se me pase. Ahora no.

"Si es un siete" escucho y perdura. Sigo escribiendo más rápido de lo normal. Quiero tomar algo.

4

Mi sangre se va enfriando. Tengo frío.

¿Cuánto tiempo pasó? Son las 18:33. ¿Cuánto más ?

Dejan de jugar a las cartas. Otra vez cada uno en su mundo.

Ofrecen otro juego. Nadie quiere.

Hablan de salir y nadie quiere.

Nadie habla. Miro la estrella. Quiero besarla.

Ponen música. Me mareo. Me río. Nos reímos.

Me siento una ola de estadio.

Tengo sed. Tomo un trago y no baja. Se quieren ir a dormir.

5

Me apretó la frente. Preguntan la hora y cada uno en su mundo otra vez.

Miro una estrella. Miro sus labios. Quiero besarla. La miró y miro la estrella.

Intento escribir y la letra L queda trabada y borró y vuelvo a escribir. Quiero comer.

Me voy, me llaman. Me teletransporto.

Tengo hambre. Hablo de pizza. Una buena droga para estar en paz. El ambiente ayuda.

Creo que voy en el 6

Me voy a bañar. Me siento Frío.

Abro el agua. El agua pega sobre mi piel. Está fría. Se pone caliente.

Vuelvo al lugar con los chicos. Uno a uno se van a bañar. Fumo un cigarrillo, tengo hambre.

Me acuesto. Miro el cielo. Las chicas vienen con comida. ¿Esto cuando paso?

Necesito que me acompañen. Tengo hambre. Me siento indefenso. Voy a comer………….

7

NEPAL

Ajusten fuerte el cinturón que el ómnibus si que se va a mover. Llego la hora de despedirse. Despedirse de la polución, de la comida picante, de los millones de personas y partir hacia el aire puro de las montañas. Y no viajo solo. Me acompaña Benjamín, un mecánico espacial belga de 34 años y unas vibras positivas que llaman mucho la atención.

Las hojas de los árboles se mueven al ritmo del viento y el frío se empieza a notar en el largo camino montañoso hasta Katmandú.
Se había fijado el arribo a la 13:30 pero siendo casi las 16 y adelantando los 15 minutos en el reloj ni siquiera se ve el final de la montaña.
Pero no hay apuro, si no se sale mañana será al siguiente día.

Desde que entramos a Nepal por la frontera Sunauli, las vibras cambiaron. Ben y yo estábamos súper emocionados por este primer trekking.
El ómnibus freno sobre las montañas para una parada técnica y aunque el único cajero de toda la zona se había quedado sin dinero pudimos pagar con unas rupias que nos habían quedado de la India. Un arroz con un par de verduras en un plato sin cubiertos. ¿Alguna vez comiste arroz con la mano?¿Y sopa? No es muy cómodo que digamos pero hay que adecuarse.

Ya no quedaban más que turistas en el bus, todos queriendo llegar. El tráfico en la montaña se hace muy pesado. No son más de 100 kilómetros y ya han pasado 6 horas. ¿Y si caminamos ?
Discutimos con Ben que hacer. En una hora cierran las oficinas de turismo para sacar los dos permisos que necesitamos para la aventura y mañana es sábado.

Eran las 17:22 cuando llegamos al Sparkling Turtle hostal, así que deberíamos pasar otra noche más, algo que no estaba calculado. Dejamos nuestras cosas en el cuarto y subimos a la parte superior dónde hay un especie de restaurante. Teníamos mucha hambre. La carta no era muy variada. Hamburguesas, sopas, ensaladas o papás fritas. Ambos elegimos la hamburguesa de buey, pero Ben hace pocos años que se dio cuenta que es intolerante a la lactosa así que la pidió sin queso. No podíamos dejar que se nos vaya el día en cuatro paredes; las pequeñas calles de Katmandú nos estaban llamando.

Lo primero es lo primero, dinero, no podemos hacer nada sin él. Buscamos un ATM y aunque todos tenían una comisión de 500 rupias nepalíes, extraje lo máximo que pude: 35 mil (unos 300 dólares más o menos). Sabía que debía sacar más porque el trekking de 15 días estaría saliendo unos 400 dólares.

Paseamos por las calles oscuras de un lado para el otro, en un gran laberinto. Ben estaba destinado a encontrar un cajero sin comisión. Entramos a un par de pequeños supermercados para ver la mercadería y los precios. Es muy importante saber los precios del lugar antes de que los comerciantes intenten sacar su tajada.

Al día siguiente partimos a una caminata de una hora hacia el centro de la ciudad para

conseguir los permisos de trekking y comprar algo de equipo. La ciudad no se diferencia mucho de lo que vi en la India y el supuesto terremoto de hace dos o tres años atrás no mostraba rastro alguno.
Al pasar por toda la nube de polución que se amontona entre las montañas, llegamos al centro de turismo y luego de llenar los papeleos correspondientes (uno para trekking y otro para entrar a la reserva natural) continuamos camino hacia Thamel, el barrio donde tienen todo el equipamiento para trekkings.

¡Más caro que en Europa! El abuso en los precios es una locura. 40/50 dólares por una bolsa de dormir "Made in China". Ni siquiera tienen problema en aceptar que las estampas de North Face que tienen son falsas y aún así no bajan tanto el precio. Ben necesitaba una bolsa de dormir pero entendió luego de una hora y media buscando que estaba perdiendo el tiempo así que se va a arriesgar a ir sin una.
Caminamos y entramos a cuánto negocio había, todos vendiendo las mismas cosas y nadie queriendo vender el equipamiento a un precio razonable. Lo único que pude conseguir, porque se que es necesario, es la botella con filtro lifestraw para poder beber agua de cualquier lugar sin enfermarse. Ben seguía en busca de un cajero sin comisión.

Comimos algo por la zona y pegamos la vuelta para el hostal, previamente buscando un supermercado para comprar provisiones para el camino. Algunas manzanas, algunas bananas, dos litros de agua cada uno, maní, galletas dulces, papel higiénico y un paquete de bolsitas de té.
Los bolsos estaban súper pesados, más que nada por las provisiones y no por la ropa.

El Annapurna Circuit es un trekking de más o menos 15 días, caminando unos 260 kilómetros hasta llegar a la ciudad de Pokhara.
Tempranito y antes que cante el gallo nos levantamos para llegar en ómnibus hacia el primer punto en Besisahar a 120 kilómetros de Katmandu. 120 kilómetros por la misma ruta que vinimos lo que tomo 8 horas en llegar. Muy tarde pero con muchas ganas comenzamos el trekking sabiendo que la noche nos agarraría en el medio del recorrido hasta la primera estación en Bhulbhule.

Por lo general al llegar a Besisahar se toma un omnibus interno hasta Bhulbhule pero nosotros queríamos comenzar, así que caminamos los 9 kilómetros entre las montañas. En el camino pasamos por pequeños pueblos y una gran cantidad de plantaciones de arroz. Algunos niños de la zona nos acompañaron en parte del camino para platicar. Nos tomo dos horas y media y elevándonos a una totalidad de 1000 metros y descendiendo hasta los 800. Todo el camino bromeamos en si queríamos una manzana o una banana, lo que quitaría peso a uno o a otro.

La noche cayó sobre nosotros y aún nos faltaba unos 20 minutos para llegar. La visión se comenzó a adecuar como el lente de una cámara fotográfica, pero llegó un momento que no veíamos más y utilizamos una linterna para continuar. Muy cansados y con la frente y ropa súper transpiradas arribamos al pueblo y conseguimos un lugar para comer y pasar la noche. El lugar se llama Manang Hotel - Restaurant (guest house) y el costo es de tan solo 100 rupias la noche y aunque yo me bañe con agua congelada por no encontrar la canilla caliente, el lugar cuenta con rica comida, agua caliente y Wi-Fi (me prometí a mi mismo no conectate a la red hasta llegar a Pokhara).

La mañana siguiente tomamos un desayuno a base de un pan indio llamado chapati, dos bananas, un poco de miel, y un té. Cuando fuimos a pagar nos dimos cuenta que no nos cobraron la noche. La idea es comer en uno de estos lugares y no te cobrarán la noche.

Entonces con el bolso en la espalda, el boxer recién lavado colgado como bandera para que se seque y la botella cargada, comenzamos la segunda travesía. Atravesando montañas y rodeando otras, de un lado para el otro en el río y una larga caminata llegamos a nuestro primer destino para almorzar. Nos tomo 4 horas y veinte minutos en llegar a Ghermu con un descanso total de cuarenta minutos.

La idea es no apurarse, vinimos a disfrutar el camino aunque se ponga difícil. De otra manera tan solo toma el camino de los jeeps que será muy fácil y rápido.
En el camino exigí un mate a una familia de Argentina que ya nos habíamos topado antes. Un mate en el medio de Nepal, ¿quién los diría?

Al llegar al punto dónde almorzamos, busque la comída menos picante. Necesito tranquilizar la panza. Así que un arroz con vegetales, huevo y queso suena estupendo. Conversando con el dueño del restaurante pude sacarme una duda. Le pregunté, que hacen con toda la basura (incluyendo plásticos). Su respuesta no me asombro en absoluto, más aún luego de ver el paisaje entre las montañas. Ellos prenden fuego todo, así se deshacen de la misma. Polución al extremo.

Al terminar decidimos adelantar parte del siguiente día. Eran tan solo 5 kilómetros más, según Maps Me. Pero nunca se confíen en la cantidad de kilómetros sino en el tiempo estimado. Si, cinco kilómetros entre montañas puede tomar casi tres horas.
En el camino nos topamos con una plantación de arroz y el dueño de la hacienda nos ofreció que cosechemos junto a él. No nos quedamos mucho tiempo pero pudimos experimentar un poco el arte de la cosecha.

Siempre que pasábamos por un arroyo o una cascada rellenaba mi cantimplora. Gracias al filtro que tiene pude tomar agua de cualquier lado y si que la necesite.
El último tramo se puso pesado, unas escaleras empinadas interminables. El sudor de mi rostro se podía notar en el camino de agua que iba dejando al subir.
Luego de atravesar un rebaño de cabras que venía contra nosotros y tres jeeps del otro lado, pusimos un poco de música y logramos llegar a Jagat a las cinco de la tarde. Mi espalda me exige un descanso urgente.

A las siete de la mañana del 4 de noviembre ya estábamos partiendo a la aventura del cuarto día. Desde tempranito el camino se puso un poco difícil y por culpa del agua en el camino, me tope con una piedra resbaladiza que casi me hace caer por la montaña hacia el río. Más adelante y por la mala señalización le erramos al camino en plena subida lo que nos obligó a retornar y volver a empezar. Al final del camino las cosas se pusieron más difícil y el agotamiento se notaba en cada músculo de mi cuerpo. Este día también decidimos adelantar dos pueblos más alcanzando los 25 kilómetros en tan solo 10 horas. Quizás no sonará mucho para una caminata pero en este tipo de circuito y con tanto peso, el paso fue ligero. Ya nos encontrábamos a 2150 metros de altura.

¡Pero que frío! La temperatura del quinto día se hizo notar poniendo de punta cada pelo de nuestro cuerpo. Un te caliente y un panqueque con miel antes de comenzar, un poco de abrigo y vamos adelante!!

Los paisajes en todo el recorrido nos tenía atónitos. Desde bosques, animales y a lo lejos se podía ver el Annapurna II con casi 8 mil metros de altura y cubierta de un blanco polar. 29.2 kilómetros en 10 horas, una bestialidad. Las últimas tres horas comencé con un dolor de cabeza. Quizás por las primeras seis horas sin descanso. O por el frío. O lo más seguro el cambio de altura. Creo comenzaré a tomar las pastillas para el mal de altura. Un descuido en este lugar podría resultar fatal. Y un helicóptero tiene una tarifa de 2500 dólares por si necesitan rescatarte.

Pero al final, luego de una gran elevación, arribamos a Upper Pisang a 3300 metros de altura. Un baño de agua caliente y una cama era lo único que podía pedir.

Quinto día, me he despertado mucho en la noche. Al principio por el frío que intente mejorarlo metiéndome dentro de mi sobre de dormir. Pero más tarde me volví a despertar con una tremenda jakeka. Pero luego de tomar una pastilla el panorama se veía mejor.

El desayuno se sufrió mucho por lo frío que estaba. La cuchara con azúcar se movía de un lado para el otro. Así que luego de colocarnos más abrigo del que nos entraba comenzamos a caminar. Perdí el buff que mi hermano me había regalado para mí cumpleaños y me puso muy triste. Espero alguien lo encuentre y le de un buen uso.

La primer montaña se puso muy difícil. Tardamos cómo una hora y media de escalada. Vuelta y vuelta. Interminable. Con poca energía pero sabiendo que mañana descansaríamos el día entero para aclimatizar. La distancia entre Ben y yo se hacía más amplia pero esto no es una carrera. Luego un largo campo y otra vez subida. Esta vez estábamos solos, todos habían tomado el camino bajo las montañas. Nosotros por encima. Un gran monasterio en las alturas. De película. Y una larga bajada hasta Chulu. Una aldea escondida entre las montañas, donde ni el Wi-Fi llega. Buscamos algún lugar para almorzar, pero el lugar parecía abandonado. Una mujer salió por una ventana y nos preguntó si queríamos comer. Así que luego de entrar por su pequeño granero, dónde dos pequeños búfalos me lamían la mano, subimos unas escaleras hasta la casa. De lo más humilde que he visto, pero con mucha buena onda y una sonrisa nos brindaron un excelente servicio.

Continuamos, el paisaje era tan placentero y silencioso que nos tiramos bajo unos árboles a admirar su belleza. Un tiempo después y con los rayos de sol sobre nosotros llegamos a Mungii, donde con un pésimo servicio por tan solo un té, este nos dió la fuerza para continuar rapidamente. Habían dos caminos uno sobre el circuito (sobre la ruta) y uno sobre las montañas hasta un templo. Ben estaba decidido a subir. Llegamos pero el camino había desaparecido. Intentamos encontrarlo escalando una pared de piedra, pasándonos las mochileras, pero nada. Un bosque lleno de plantas con grandes espinas nos tiraba abajo las esperanzas. Hasta que de repente, encontramos una desvensijada puertita de madera en medio de la nada. Le sacamos un tronco que tenía como seguro, pasamos, cerramos nuevamente la puertita y volvimos al camino. Bajando a gran velocidad ya que la noche se nos venía encima y aún nos quedaban dos pueblos más para llegar. En la mitad, nos encontramos con un yak que nos quiso atacar luego de intentar sacarle una foto.

Otro check point en la ciudad de Braka y un último esfuerzo hasta llegar a Manang. El primer punto para las personas que no quieren hacer todo el circuito. A 3600 metros sobre el nivel del mar descansa un pueblo que vive únicamente del turismo (aunque solamente te sonreirán si les compras algo sin negociar el precio). Hablando del precio de las cosas es preferible comprar todo fuera de Nepal porque los precios aca son sumamente ridículos.

El sexto día lo usamos para aclimatar y descansar el cuerpo. Dimos una vuelta por el pueblo y probamos cosas nuevas, tales como queso de yak. Decidimos cambiarnos de hotel ya que el primero que nos quedamos (Singo hotel) no contaba con nada. Los cuartos estaban súper sucios, ni enchufe ni agua caliente. El servicio era pésimo y con mucha brutalidad. Así que al día siguiente pagamos y nos fuimos a Moon Light Hotel que te costará solamente 100 rupias (menos de un dólar) la habitación si consumes en su restaurante. Agua caliente, súper limpio, buen servicio, una azotea con mesa y sillas, la comida exquisita y bien presentada. En fin la mejor decisión que tomamos.

En el día el calor quemaba pero a las cuatro el frío comenzaba a avanzar con gran fuerza. Ya no más remera o chancletas. Uno o dos buzos, pantalón y medias. ¡Mucha suerte luego del baño caliente!

Una semana ya de trekking. Nos levantamos más temprano para llegar al Tilicho Base Camp. Tal parece que los lugares son limitados. Mientras desayunábamos vimos demasiados grupos pasar por la ventana del comedor. Eso no era bueno. El camino si se puso más pesado y la respiración costaba más pero el problema era que Ben quería hacer todos los caminos más difíciles, lo que nos llevó a Middle Khangsar, elevandonos otros 700 metros y tomándonos una hora en llegar. Pero al llegar el pueblo estaba vacío y no había agua para recargar. Así que continuamos hasta Upper Khangsar a 4130 metros aunque el camino se puso confuso por la mala señalización y tuvimos que volver para atrás. Así que el agua tuvo que esperar hasta Shreekharka, dónde los precios ya comenzaron a notarse. 250 rupias nepalies por una Coca-Cola pequeña, mientras estábamos pagando tan solo

100. El último camino fue espantoso, de arriba para abajo y de abajo para arriba, sobre pedregullo que resbalaba y hacia los lados una gran caída.

Llegamos a Tilicho Base Camp y buscamos lugar para pasar la noche. Pocas habitaciones quedaban y todas con un alto costo. Cobran el agua caliente, el Wi-Fi y hasta respirar. Lo malo fue cuando nos enteramos que las duchas no funcionaban, terminamos usando las cantimploras para lavarnos la cara y los pies llenos de tierra.

"Prende la luz " me dice Ben después de una siesta larga que tuvimos. "No funciona" le digo. La verdad el lugar es toda una cajita de sorpresas pero las personas por más que comenten su descontento van a seguir usando estos servicios. Esta es la única manera de llegar a estos lugares.

Las estrellas y la temperatura bajo cero nos acompañaron durante el ascenso al Tilicho lake el octavo día. Eran las 4 de la mañana cuando comenzamos a subir durante dos horas y media. El agua de las cantimploras se había congelado. La luz de una linterna marcaba nuestro camino. El cielo estaba hermoso. Nada de descanso, era todo en subida y al final 22 vueltas hasta llegar a la cima. El primer lago que vimos era pequeño y nos había frustrado pero continuamos un poco más hasta que lo vimos. Nos sentamos al sol a apreciar el amanecer pero el frío no nos dejaba tranquilos. Un rato más tarde comenzamos con la retirada pero dos avalanchas nos mantuvieron un tiempo más. La bajada fue a toda velocidad, bajamos demasiado rápido mientras todos estaban subiendo.

Este día fue hasta ahora el peor. 12 horas y media de caminata entre subidas y bajadas me jodí uno de los músculos del pie derecho. Caminar me costaba mucho y me asustaba no saber que iba a pasar. Aún quedaba mucho más por delante y ninguna otra manera de llegar a Pokhara si no es a pie.
Así que fuimos a comer y comencé a preguntar a todos los que estaban ahí si tenían alguna crema o spray antinflamatorio. Una señora que estaba con su esposo y sus dos hijas me dijo que me iba a dar una crema. Por la portada del libro que estaba leyendo pude saber que eran israelíes así que continúe la conversación en hebreo. Muy amable de su parte ir hasta el cuarto a buscar la crema para mi. Ahora solo faltaba esperar a mañana y ver que iba a pasar.

Ya era el noveno día del trekking y último en subida. El objetivo era llegar a Thorung High Camp pero si se nos hacía complicado podíamos pasar la noche en Phedi que se ubica debajo de la montaña.

La inflamación había bajado pero intentaba no esforzar de más el pie. Los músculos de las piernas me dolían mucho pero más que nada por encima de los talones había perdido mucha piel a consecuencia del mal calzado. Eso sí que molestaba mucho para caminar. Muchas subidas y lugares con advertencias de desplazamiento de rocas. Mis labios estaban partidos y mucha agua caía por mi nariz.

Llegamos a Phedi y envolví mi pie izquierdo (el que estaba mas lastimado) en cinta para poder llegar a nuestro destino. El último pico de nuestra aventura. De aquí en más hacia abajo. La subida de tan solo 1.2 kilómetros fue súper complicada pero la emoción que me vino cuando ví el final no tiene nombre. ¡Habíamos llegado!

Una china que estaba en la habitación junto a la nuestra nos ofreció té verde que trajo de su país, lindo gesto. Yo intento descansar el pie lo máximo posible ya que aún quedaba mucho por delante. En la cena una pareja de españoles escucho hablar sobre mi esguince y me quisieron dar una mano. Les expliqué que la inflamación ya se estaba yendo pero que el talón de mi pie izquierdo estaba a carne viva. Enseguida me trajeron un parche con medicamento, por fin algo que no se caería entre el sudor y el roce con el champion.

¡Me han mentido! Aún quedaba una subida más y no tan fácil hacia Thorung La Pass. El pase entre las montañas. Así que tempranito (4 de la mañana) luego de un desayuno a base de chapati con queso y té negro comenzamos a subir. Dos pantalones, una remera de manga corta, una remera de manga larga, dos buzos, guantes de lana y dos buff para cubrirme la cara no fueron suficientes para cubrir ese frío. Solo las luces de las linternas se podían ver durante todo el camino. Subir es complicado pero al final llegamos y pase mi última meta de 5200 metros (Volcán Cotopaxi - Ecuador) a 5416 en Thorung La Pass en Nepal. El frío no dejaba disfrutar, ni siquiera el té súper caliente que nos tomamos en el pequeño refugio. Así que comenzamos a descender casi 2000 metros sin ninguna superficie plana. Todo en bajada, destruyendo totalmente nuestras piernas hasta los 3600 metros. La última hora decidí, ya que el camino sería siempre igual de aburrido, colocarme los auriculares y escuchar música. El paisaje de las montañas acompaña y me puse a pensar en lo lindo de volver a mi país. Una sonrisa de punta a punta en mi rostro hasta llegar a Muktinath dónde almorzamos, luego continuamos dos kilómetros más saliendo a las afueras de la ciudad de Jharkot. Llegamos a una casa en el campo con tremenda vista dónde pasamos la noche.

Por primera vez pudimos dormir un poco más y tomar el desayuno con suma tranquilidad. A las siete y media de la mañana comenzamos nuestro onceavo día de travesía. Ya no hablaré más sobre las subidas porque de alguna forma no está funcionando. Si, comenzamos el día subiendo una montaña hasta pasar al otro lado. Entonces, pasó algo espantoso. ¿Dónde está mi celular? Entendámonos, el celular no es lo importante sino su contenido. Desde los vídeos del circuito de Annapurna, desde el primer día, hasta las notas de Nepal para el libro. ¿Qué haría sin él? Nepal... Sin comentarios. Nos tomo unos 20 minutos poder encontrarlo y muchas subidas y bajadas. Me había puesto muy nervioso y enojado al mismo tiempo. Pero a la distancia escucho a la voz de Ben que lo había encontrado. Una subida complicada pero la subí a toda velocidad. Lo tenía conmigo, otra vez.

Pasamos la montaña y comenzamos a descender. A Ben lo tenía molesto que le hacía mal frenar tanto. Se lastimó mucho los pies. Hasta que llegamos a Lupra, una ciudad en el valle de las montañas. Una linda bienvenida con música (seguramente por un casamiento o peregrinación) pero después de eso las personas no fueron nada amables. Unicamente tomamos un jugo natural de una fruta local y continuamos.

Por el paso de las montañas continuamos viendo la señal blanca y roja del circuito de Annapurna. Estábamos en el camino correcto. Luego vimos un puente que conectaba con otra montaña pero en la piedra estaba escrito no tomar el puente y continuar por la montaña por dos horas más hasta llegar a Jomson. Así que seguimos. Las señales continuaban hasta un momento que no había más camino. Mirábamos las señales y no daban a ningún lado, seguramente el camino se había caído en algún temblor. Vimos el camino al otro lado de una gran piedra pero no había cómo llegar allí. Estábamos en lo correcto, el camino ya no existía. Ben estaba muy enfadado, hasta arrojo una gran piedra al piso con mucho enojo. La única manera era volver por el mismo camino o buscar la forma de bajar los diez metros hasta la ruta. Me quería arriesgar, a todo o nada. Saque la soga que tenía en la mochila. Me saque la mochilera y comencé a bajar. Lo logré, ahora las mochileras con las soga y luego Ben. Después de eso vino un largo camino hasta Jomson en un río seco lleno de piedras que molestaba mucho el andar. A eso sumarle una fuerte brisa arenosa que comenzó a soplar. El día no nos traía buenos augurios. Luego de una larga caminata llegamos a Jomson dónde almorzamos en un lindo lugar pero con unos rostros que daban para levantarse e irse. Estás dando un servicio, no compitiendo en un concurso de cara de culo.

De alguna forma encontramos el check point para registrar nuestro paso. En eso les informamos lo sucedido en el camino, para advertir a más personas que no tomen esa vía. Su respuesta fue un "me chupa un huevo".

Menos de dos horas más tarde llegamos a nuestro destino, Marpha, a siete horas caminando (que pueden ser menos si se toman precauciones) por 24 kilómetros. Malos días suelen pasar y creo este fue el nuestro.

Nuestro día número 12 en el camino. Ya se comienza a notar en los músculos, el cansancio y las marcas del camino. Varias partes de mis piernas comenzaron a molestar más de lo normal. Pero ya queda poco para terminar.

Un perro callejero, al que llamamos Ancha (que significa "bien" en nepalí) nos acompaño durante varias horas hasta que se separó cuando otros dos turista tomaron otro camino y nosotros frenamos para hidratarnos. Más montañas y más camino. Siempre al costado de un río semi seco a consecuencia de la estación del año.

La meta se veía muy lejana, 30 kilómetros cuando los caminos están muy mal preparados no es tan fácil. Entre las grandes piedras, las bajadas empinadas y las subidas sin fin nos tenían agotados. Bueno, en realidad, fuerza había pero entre mi pequeña inflamación de pie y las ampollas que tenía Ben era insoportable. ¡Queríamos llegar ya!

Los caminos a veces no llevaban a ningún lado por los grandes derrumbes y la mala coordinación del lugar en cerrar los pasos. En eso una pequeña llovizna comenzó. Es hora de cubrir la mochilera. Y ya que estamos saquemos el parlante para distraernos un poco del dolor y el agotamiento.

Una anécdota muy cómica, interesante y un poco escalofriante es sobre una chica de España llama Angélica. Conocimos a Angélica en Besisahar, el primer pueblo que nos quedamos. De allí nos fuimos reencontrando durante todo el camino de la manera más alocada. ¿Cómo es posible llegar a un pueblo y a otro pueblo y siempre coincidir en la misma calle, camino o hotel? Las posibilidades son una en mil y con ella pasaba todos los días. No importaba a la hora que saliéramos o donde nos alojabamos, siempre nos encontrabamos con ella. Ya era el día número 12 y ya nos habíamos encontrado en el camino pero su pasó ligero nos separo nuevamente. Fue llegar a Ghansa y buscar el lugar para quedarnos, uno que ni siquiera queríamos, cuando ella cruza rumbo a una ducha. Imposible.

Bueno, nos quedan pocos días de trekking, aunque la idea es ver cómo nos sentimos en la mañana y ver si continuar o descansar por lo menos un día en este alojamiento que a mi gusto es excelente.

Día número trece en ruta, el pie molesta un montón, el camino hacia Tatopani no es complicado. Tan solo 15 kilómetros en pequeñas subidas y bajadas. El clima es muy agradable, lastima el pie que tironéa más de lo que puedo soportar. En una de las paradas volví a colocarme el vendaje y eso ayudo un poco al no darle tanto movimiento. Se que quedan pocos días para terminar aunque tengo miedo tiré tan fuerte que genere un desgarro en el principio de este hermoso viaje por el sudeste asiático.

Quedarse en Tatopani es la peor opción. Se que va a costar pero personalmente recomiendo comenzar a subir la montaña y quedarse en alguno de los pueblos. La ciudad es súper sucia y el carácter de las personas es súper pesado. ¡Pero que coincidencia nos encontramos otra vez con Ángela!

Dos semanas se cumplen hoy desde que comenzamos. El estado de animo de los últimos días no fue de lo mejor por los tirones de mi pie derecho, pero ya estamos en los últimos días así que es ponerle un poco más de fuerza. También el como se siente uno en un trekking hace que el camino se ponga difícil o no.

El camino hacia Ghorepani es únicamente en ascenso. Casi dos mil metros subiendo la montaña en un total de 15 kilómetros. Aunque no es tan difícil como lo mencionan, la falta de señalización y los niños pidiendo limosna son las únicas dos cosas que no me gustaron de este paso. Llegamos al hotel Mona Lisa, a pocos metros de Shikha, dónde les súper recomiendo ordenar el jugo natural de manzana. De allí a darle hasta el final que se puede. Tan solo estén preparados para los altos precios de Ghorepani.

Día número 15, son las 5 de la mañana y comenzamos a subir nuestro último pico: Poon

Hill. Lleven dinero para pagar la entrada de 100 rupias y si quieren algo caliente para tomar. La vista es estupenda y ver el amanecer realmente vale la pena. Estamos a 3200 metros sobre el nivel del mar. Ahora comienza el "descenso". Primero se camina una media hora hasta otro pico (que hasta parece ser más alta que el Poon Hill) y luego a bajar. Como el camino se veía homogéneo, nos colocamos los auriculares y a gran velocidad atravesamos Deurali, Ban Thanti, Tadapani, Bhaisi Kharka hasta llegar a Ghandruk.

Terminar fue pura emoción. Este tipo de trekking hay que tomarlo como meta personal. No es nada fácil el camino y más aún hacerlo completo. Algunas cosas que recomiendo son no usar guía ya que el camino es fácil, con algunas señales y siempre hay algún pueblerino para preguntar. Aparte los guías muchas veces (la mayoría de las veces) no quieren tomar los trekking porque no les sirve a ellos y te inventarán alguna excusa para seguir por la misma ruta que los jeeps. No usar Porter: los Porter son hombres que por un dinero te llevarán la mochilera todo el camino. Más allá que es su trabajo y que sin él no pueden vivir, es como ver a un esclavo. Nosotros llevábamos una mochilera con más o menos 12 kilos y si que se hacía notar en todo el camino. Hay porters que llevan hasta 3 mochileras durante todo el trekking. Como recomendación número tres, es que consigan una botella lifestraw, podrán recargarla todo el tiempo y se ahorrarán un dinero al no tener que comprar botellas todo el tiempo. Aparte es menos plástico que quemarán en la montaña y es algo que les servirá luego para todo el mundo.

Vayan únicamente por el circuito y no por la ruta. Casi siempre hay lugar para trek, así que si no lo encuentran, busquen mejor. Lleven solo lo necesario, en especial la ropa que la lavarán casi todos los días. Y por último y más importante es siempre escuchar a tu cuerpo. Puede que sea una boludez, cómo puede que sea algo serio y en ese caso no tendrán un hospital cerca. Los jeeps o el helicóptero les costarán un dineral.

La ruta durante quince días:
* Primer dia desde Besisahar hasta Bhulbhule (9 km en dos horas y media)
* Segundo día desde Bhulbhule hasta Jagat (21 kilómetros en 8 horas y media)
* Tercer día desde Jagat hasta Danagyu (25 kilómetros en 10 horas)
* Cuarto día desde Danagyu hasta Upper Pisang (29 kilómetros en 10 horas)
* Quinto día Upper Pisang hasta Manang (23 kilómetros en 9 horas)
* Sexto día aclimatando en Manang
* Septimo dia desde Manang hasta Tilicho base camp (17 kilómetros en 6 horas)
* Octavo dia Tilicho lake hasta Yak Kharka (29 kilómetros en 12 horas y media)
* Dia 9 desde Yak Kharka hasta Thorung high camp (9 kilómetros en 4 horas)
* Dia 10 desde Thorung high camp hasta Jharkot (18 kilómetros en 6 horas)
* Día 11 desde Jharkot hasta Marpha (24 kilómetros en 7 horas)
* Día 12 desde Marpha hasta Ghansa (30 kilómetros en 10 horas)
* Día 13 desde Ghansa hasta Tatopani (16 kilómetros en 5 horas y media)
*Día 14 desde Tatopani hasta Ghorepani (16 kilómetros en 7 horas)
* Día 15 desde Ghorepani hasta Ghandruk (19 kilómetros en 5 horas y media)

A la mañana siguiente con el cansancio de 15 días de treking pero con el alma llena de hermosos paisajes, tomamos una 4x4 que nos llevara como montaña rusa hasta Pokhara. No tiren sus permisos porque los precisaran para salir. De verdad que ese camino o cualquier otro camino en Nepal estan en muy malas condiciones,no se los recomiendo a nadie. Súper peligrosos y rocosos. Todavía me pregunto a donde va todo el dinero del turismo, entre permisos e impuestos, que este país cobra sin sentido alguno. Tal parece que algunos se están llenando los bolsillos con nuestro dinero. Y lo peor es que aunque quieran hacer algo con la ruta, el terreno es muy mentiroso y en cualquier momento puede haber un derrumbe (algo que vimos mucho durante todo el camino).

Pokhara es una linda ciudad típica del turismo, con su gran calle principal con bares, restaurantes y negocios. Un lugar que les parecerá un paraíso luego de pasar más de dos semanas en las montañas. Un lugar donde la pizza tiene su tamaño real y la cama huele a limpio. Lo único que nos molesto de este lugar son los impuestos que cobran en muchos de los restaurantes. Un 10 por ciento de servicio, más un 13 de impuestos del gobierno. Ese es el dinero que no se ve reflejado en la realidad.

Nos quedamos en un hotel. Pagamos un poco más pero necesitábamos sentirnos reyes luego de haber dormido entre yaks, arañas y cucarachas. Aprovechamos para limpiar toda la ropa y comenzar a recuperar fuerzas. Más que nada las piernas, que entre la inflamación y los cortes pedían un descanso urgente.

Pasamos allí tres días junto a Ángela que claramente la volvimos a encontrar. Tardes de shopping y comida, noches de alcohol y música. La verdad que la pasamos excelente esos días de reposo.

La única anécdota que si o si quería contar fue en el tercer día, luego de desayunar, nos dirigimos a una pagoda que quedaba en una montaña al otro lado del lago. Había dos opciones para llegar: o en bote o dando la vuelta al lago. Como teníamos tiempo de sobra, comenzamos a rodear toda la ciudad, junto al lago, pasando por otro campamento de refugiados del Tibet y allí fue cuando todo se puso feo. Los caminos de MapsMe no siempre son los más adecuados, es más a veces ni siquiera existen. Por tomar uno de ellos terminamos en el medio de la floresta de la gigantesca montaña. Las piedras y la tierra patinaba y la caída no era para nada agradable. Pero un poco de tierra no hace mal. El problema fue cuando vimos una especie de gusanos cubriendo todos los championes y hasta en las piernas. Pero no eran gusanos sino sanguijuelas. Ya lo se, yo también pensaba que las sanguijuelas se encontraban solo en el agua pero tal parece que no. Nos las sacamos como pudimos pero aún quedaba mucho camino más por el bosque y cada vez más las sanguijuelas entraban por el champion. Al llegar al camino de piedra comenzamos a sacárnoslas pero por mala suerte mis medias eran cortas y muchas de ellas estaban prendidas a mis dedos. Me quite una por una, arrancándolas de mi piel, cuando la sangre comenzó a fluir por mis piernas. No dolía, ni siquiera se sentía nada, pero la sangre no paraba de salir. Tardo más de un día en que las heridas se cerrasen.

Al día siguiente volvimos a Katmandú, donde habíamos dejado la segunda parte de nuestras cosas. Aunque nuestra estancia allí no iba a durar mucho, más que nada por la gran nube de polución que tapaba la ciudad.

INDIA

Segunda parte

Volver a la India, al principio, no me tenía muy contento. No es que había tenido una mala experiencia la primera vez, pero había algo allí que no me gustaba o al menos eso pensaba. Luego de las 18 horas de ómnibus llegamos a Mechinagar una ciudad ubicada al este de Nepal frontera con India. Un paso fronterizo muy tranquilo y fácil para los turistas. Un control casi nulo y con buenas vibras. Así que sellamos el pasaporte en Nepal y cruzamos el punte caminando. Del otro lado una mujer muy cálida nos pidió que completáramos una hoja de control de entrada y luego por poco nos invita a su boda el próximo mes. Del otro lado del río Mechi cruzando un largo puente esta la oficina de inmigraciones, donde el oficial con una sonrisa nos selló el pasaporte y nos dio la bienvenida. Luego un ómnibus nos llevo a Siliguri, una ciudad intermedia para llegar a varios destinos turísticos del norte.

Conseguimos una jeep que por 150 rupias (precio justo) nos llevó durante cuatro horas hacia Darjeeling, una ciudad famosa por la cantidad y calidad de cultivos de té. También allí se filmó hace doce años una gran película *Viaje a Darjeeling,* donde tres hermanos estadounidenses - Francis Whitman (Owen Wilson), Peter Whitman (Adrien Brody) y Jack Whitman (Jason Schwartzman)- que han estado sin contacto durante un año, tras la muerte de su padre se reencuentran y se embarcan en un viaje en tren a través de la India con el fin de encontrarse a sí mismos y reconciliarse los unos con los otros, para volver a ser hermanos tal y como lo eran antes.

Ubicada a 2134 metros de altura, en la cadena inferior del Himalaya, se encuentra esta ciudad de nombre Darjeeling (del tibetano *La tierra del rayo*). Los cultivadores de té de la región desarrollaron híbridos especiales de té negro y técnicas de fermentación, con muchas de las mezclas consideradas como las mejores del mundo. Aparte posee uno de las últimos ferrocarriles a vapor de la India (patrimonio de la humanidad desde 1999).

Uno de los destinos que más me gusto de este lugar fue el teleférico, ubicado a una hora caminando del centro de la ciudad. El mismo comienza a descender hasta los 244 metros por una distancia de 4 kilómetros. El trayecto dura una hora y veinte minutos ida/vuelta. Durante el recorrido podrás apreciar varias plantaciones de té y si tienes suerte también veras como colectan las hojas que luego serán llevadas a las fábricas donde se secan, muelen y limpian antes de ser comercializadas.

Algo que me llamo la atención es un gran cartel del otro lado que menciona en una letra bien legible que "ellos no se hacen cargo de daños ocasionados por el teleférico". ¿Eso lo abran puesto luego del accidente del 2003 cuando tres carriles cayeron provocando la muerte de cuatro turistas y once heridos?

A la mañana siguiente Ben me despertó temprano para despedirse. Su rumbo era más hacia el norte , a la zona de Sikkim. Así que luego de un mes viajando juntos un gran abrazo nos despedimos hasta un próximo encuentro. Quizás sea en marzo en Tailandia o en Uruguay o Bélgica o quizás cumpla su promesa de llevarme a la Luna.

Luego de un desayuno comencé una caminata hacia un sitio del cual no debería entrar, pero mi idea de ingresar era justamente para mostrarle al mundo que los animales no deben estar en jaulas y decirle NO a los zoológicos. Quizás algún día pueda como mi hermano hacer la diferencia. Él y su propia productora ayudaron con la liberación de los leones en Uruguay y quizás en poco tiempo cierren hasta la última cárcel de animales en mi país. No se que era más patético del lugar, si el lugar reducido que tenían los animales para moverse, la expresión de tristeza en sus rostros o los carteles que decían "silencio" mientras todos pasaban junto a ellos gritando. Fue tan así que les sugerí para la próxima escribir los carteles en chino, ya que de todas formas no van a respetar esa simple petición.

Pero entrar aquí no fue del todo negativo, ya que dentro del mismo zoológico se encuentra el HMI (Himalayan Mountaineering Institute), un lugar que disfrute visitar. Desde una película, una habitación con animales disecados (donde encontré a los leech´s, las malditas sanguijuelas que me chuparon la sangre en la montaña de Pokhara), una sala con vestimentas de expediciones a las montañas más altas del mundo y hasta información del mismísimo abominable hombre de las nieves.

Algo que me llamo mucho la atención, fue en una de las salas donde están los nombres de los primeros himalayistas. Desde el Annapurna I, el K2 o el mismísimo Everest, todos alpinistas europeos, ningún nepalí, tibetano o indio. Esos nombres están en montañas más pequeñas. Obviamente estos alpinistas no fueron solos sino acompañados de algún yerpa, aunque me pareció extraño que siendo las montañas de tu lugar no seas el primero en llegar a la cima y plantar tu propia bandera. Otra cosa que me abrió mucho los ojos fue la cantidad de victimas y cuerpos que aún se encuentran en la cima del Everest a consecuencia del mal de altura, derrumbes, hipotermia o avalanchas. Cuerpos que hoy en día se usan como puntos de referencia para ubicarse en el lugar.

Allí se encuentran también recortes de diario del 29 de mayo de 1953 cuando Edmund Hillary un británico y el yerpa Tenzing Norgay escalaron los 8849m del monte Everest, la montaña más alta del mundo. La tumba de Norgay se encuentra en la entrada del museo con una frase "No puedes ser un buen alpinista aunque grande sea tu habilidad a menos que seas alegre y tengas el espíritu de camaradería."

También como mencione antes, encontré en el museo recortes de diarios antiguos donde mostraban imágenes borrosas de aquel personaje de las montañas. El abominable hombre de las nieves o mejor conocido como Yeti, es la teoría de existencia de una criatura que camina como un hombre pero que es por lo menos el doble de su tamaño y tiene más apariencia a un mono que a un hombre. Aunque algunos hombres en la historia mostraron pistas de que aquel personaje era real como Eric Shipton y el doctor Michael Ward cuando en 1951 encontraron una huella del posible Yeti. Aun así los orangutanes no viven en estas zonas y por no tener nada que compruebe su existencia, este sigue siendo nada más que un mito.

Lo último y no menos importante que hay por hacer en Darjeeling es el Tiger Hill, un lugar donde con mucha suerte podrás ver la cordillera del Himalaya y en un día claro el pico del Everest a unos 180km, te dejarán atónito. Eso sin contar que el mejor momento de llegar es el amanecer, cuando el color negro azulado del cielo comienza a cobrar vida y un anaranjado fluorescente muestra su mayor potencial en el horizonte. El problema de llegar a este lugar es que pocos son los accesos, ya que no todos los servicios de transporte tienen el permiso de llegar a este lugar. Me tomo más de una hora de recorrido entender que viajando solo, la mejor forma de llegar, es por mi cuenta, así que alquile una moto por medio día a 600 rupias. El hombre que me alquilo la motocicleta se mostró muy interesado en ayudarme con el recorrido y así me enseño una ruta que en esos momentos del día el transito es poco o nulo. Eran las cuatro de la mañana cuando partí hacia allí. El frío no era tan intenso como lo fue en Nepal, pero si era necesario vestir má de un buzo y hasta guantes. El camino en zig-zag me tenía con los ojos bien abiertos, más que nada en los últimos kilómetros antes de llegar donde una neblina me dejo cegado y los pozos en el camino eran casi invisibles. ¡Pero llegué! Deje la motocicleta estacionada en el ultimo lugar permitido y continué caminando unos metros más hasta encontrar algún punto donde esperar el momento por el cual había venido. Entonces el cielo comenzó aclarar y los picos comenzaron a distinguir. Allí estaba, el pico del cual tanto espere, el mismísimo Everest mostraba su punto más alto y así había conseguido completar el objetivo de ver el lugar más bajo y más alto del planeta Tierra.

Unos días más tarde volví hacia Siliguri a esperar mi avión hacia Kolkata, donde me quedaría unos días antes de entrar a Myanmar, mi cuarto país de este viaje.

El jeep me había dejado a unos 5 kilómetros del lugar donde pasaría las cuatro noches y como tenía tiempo y energía decidí seguir las indicaciones de MapsMe. Al principio no estaba seguro de que me llevase por un buen camino ya que el mismo no lo haría a horas tardías. Aún así una sonrisa en el rostro ayudo a no meterme en problemas por esas callejuelas que me había metido. La idea era llegar a un punte que cruzaba el río Mahananda y luego continuar hasta el Hotel Central Courtyard. Pero al llegar al supuesto puente, nada había allí. Nada que podía ser o parecerse a un punte. Tan solo el río y yo. Vi algunas personas que con mucho cuidado pasaban caminando, así que como toda aventura, me quite los championes y las medias, me remangue el pantalón lo más alto posible y comencé a pasar. El agua me pasaba las rodillas y las rocas en el piso resbalaban. Aunque mi miedo no pasaba por el oscuro color del agua sino del hecho de cruzar descalzo, ya que podría haber fragmentos de vidrios o de metal en el fondo, aunque todo salió bien.

El resto de Siliguri no tiene mucha importancia. Visite algún que otro templo más, camine hacia una floresta y visite un safari que ni sumaba ni restaba. Así que ni bien llego el día me retire de este lugar que dejaba mucho que desear.

En camino al aeropuerto de Bagdogra, a pocos kilómetros del hotel, entendí que aquí no hay forma de zafar las altas tarifas por ser extranjero (y si que no hay forma que no se den cuenta). Para reducir las 700 rupias que un taxi me exigía tuve que subirme a un tuk-tuk que recorrió unos pocos kilómetros (por 10 rupias) y luego cambiar a un ómnibus (15 rupias) que me dejo en las afueras del aeropuerto. El cobrador del ómnibus me dijo que los tuk tuk que allí se encontraban me cobrarían unas 15 rupias pero ninguno bajaba de las 100. Así que me despedí de ellos mostrándoles que no tenía problema en caminar a dejarme estafar. Había caminado unos 20 minutos por la ruta, con el peso de las dos mochilas y con el Sol de frente cuando un tuk tuk paso a mi lado y me ofreció llevarme por

200 rupias. Soy turista, pero no boludo. Y si, le pregunte si le hacia gracia cobrar esa cantidad por el simple hecho de ser turista. Palabra va, palabra viene, me termino llevando por 20 rupias. ¿Tan difícil era?

Luego de una hora de vuelo llegue al aeropuerto internacional de Kolkata, conocida mundialmente por Calcuta, donde la misma situación me enfrento nuevamente. Los taxis me exigían 900 rupias (sabiendo de antemano que no tendría que salir más de 400). No me pude quedar callado y por segunda vez en este país decidí responder de mala forma. "¿Ustedes creen que los turistas somos estúpidos?" le dije a un grupo de taxistas que me habían encerrado para que utilice sus servicios. Como siempre preguntando y preguntado conseguí un ómnibus que por 40 rupias me acerco al metro y de allí un metro hasta el hostal por tan solo 5 rupias. 45 rupias en vez de 900, eso si que es una gran diferencia.

El metro no se parece al de Delhi, ya que no se ve la mano japonesa. La ciudad es bonita, bueno es más tranquila que otras grandes ciudades aunque la polución continua por estos lados. Camine y camine por dos días, recorriendo lo máximo posible. Muelles, parques y grandes mercados. Si buscas un libro, te recomiendo lo compres por aquí, los precios de los grandes libros no exceden los cinco dólares. Y como no era algo fuera de lo normal, accedí a una función de planetario, aunque en bengalí (ya que la función en ingles era una hora mas tarde). Lo bueno es que sabiendo algo de astronomía, al ser un amante de las estrellas y habiendo accedido a otros planetarios en el mundo, no fue necesario entender el idioma sino que las imágenes hablaban por si solas.

MYANMAR

Ahora si, era hora de continuar hacia uno de los lugares que más expectativas tengo. Un país que es nuevo para el turismo y aunque suena extraño eso tiene muchísimos puntos a favor.

Las energías que me genera Myanmar no tienen comparación. Estos primeros días en el país me he sentido más cómodo que nunca, tanto que da miedo. Pero los comentarios de otros viajeros sobre este pacífico lugar me tenían muy emocionado. Quería ver con mis propios ojos si todo lo que mencionaban tenía justificación.
Pues allí me encontraba, pasando migraciones, dónde si te aprueban la estadía, podrás disfrutar 28 días (número extraño). La página del gobierno menciona un pasaje de salida, así que es cuestión de buscar entre los oficiales de migraciones alguien simpático, una sonrisa y cruzar los dedos. Así que aprendí la primer palabra en birmano: mingguhlaba (que significa hola).

Me tomé un ómnibus que me dejó a pocas cuadras del alojamiento y comencé a percibir esas vibras tan positivas que me tenían más que contento. Mi sonrisa había salido la luz y no quería ocultarse. Los birmanos tienen una muy linda y tímida sonrisa que debes conocer. Nadie los mirará de forma extraña, nadie los mirará con desprecio. Es más, ser turista es como una bendición para ellos.
¡Frenan con el semáforo en rojo! Que frase más patética, pero luego de dos meses con cero reglas de tránsito, ver esto me llamó la atención. También tiran los desperdicios en la basura y no en la calle, bueno al menos la mayoría.
Entonces llegue al alojamiento, dónde me dieron la bienvenida con una sonrisa y un vaso de jugo. ¿Qué más podía pedir?

Más tarde fui en busca de comida, ya que una banana había sido lo último que había comido. Lo sé, una banana no es nada, pero la comida en la India había dejado mi estómago hecho papilla. Caminando por las calles me sentía una celebridad, todos sonriéndome, todos preguntándome de dónde era, todos tan amables. Hasta que llegué a un bar donde estaban pasando un partido de fútbol, Myanmar vs Mongolia. Ahora entendí porque estaba tan lleno. Pregunté por el menú y los precios me parecían súper baratos, así que me ofrecieron sentarme en el segundo nivel que había un último lugar libre. Luego me puse a analizar el menú buscando algo raro, algo tradicional. El inglés no era el fuerte de los mozos así que un chico vino a ayudarme (tampoco contaba con inglés, pero lo que importaba era la intención). Sopa de pato con ensalada de pato, un plato tradicional que aunque era muy sabroso me olvidé de avisar que no comía picante, así que le pedí perdón a mi panza que ni descanso le doy. El chico me ofreció sentarme con sus amigos y allí estaba. El único turista en aquel bar, intentando comunicarme con gente que recién había comenzado a aprender inglés. Aunque estaban un poco borrachos, sentí su felicidad interna de que este allí con ellos compartiendo mi historia. Chicos jóvenes de 19 a 21 años tomando cerveza Myanmar (la cerveza oficial del país). También parece que se habían bajado una botella de whisky, pero esa es otra historia. El partido había terminado 1 a 0 con la victoria de Myanmar y yo necesitaba dormir. Ellos se ofrecieron a pagarme la cena, pero no acepte, ya había recibido el regalo de compartir con ellos y eso era suficiente.

A la mañana siguiente luego de un desayuno a base de jugo no natural de naranja, unos trozos de sandía y una pasta con pollo comencé mi primer aventura en busca de un longyi (una tela birmana que usan la mayoría de hombres y mujeres como una especie de pollera). Esta tela es especial porque abriga en el invierno y te mantiene fresco en el verano. Quería sentirme parte del lugar y que mejor manera que siguiendo las costumbres de ellos. Caminando por la ciudad me encontré con un chico que más allá de saber sobre la existencia de Uruguay (más que nada de Luis Suárez) me quiso acompañar a comprar el longyi. Le comenté sobre el mercado que tenía marcado en el mapa pero me dijo que ese era para los turistas, así que me llevo a un lugar diferente. Primero me mostró el thanaka, una pasta cosmética de color blanco amarillento hecha de corteza molida que sirve de protección solar natural. Es un rasgo distintivo de la cultura de Myanmar, visto comúnmente aplicado en la cara y, a veces, en los brazos de mujeres y niñas, y en menor medida también es utilizado por hombres y niños. Allí un hombre vino a preguntarme si podía colocármelo, a lo cual accedí sin duda alguna. Parecía un indio nativo pero aún necesitaba la vestimenta. Continuamos caminando en el mercado hasta encontrar una tienda acorde la calidad y precio. Comparado con la vida aquí, el precio de un longyi es excesivo pero me sentía a gusto y pague los 30 dólares por una tela de calidad. Luego el joven me ayudó y enseño a cómo colocármelo. Pues ya era todo un birmano. Y eso en la cara de las personas daba felicidad, una felicidad compartida.
Luego se despidió ya que tenía que comprar una máquina para su campo de arroz y me ofreció encontrarnos mañana y llevarme a su aldea y conocer más sobre la vida y las costumbres del país. Algo que si me acomodo lo haré y sino otras personas encontrare.

Myanmar es un país del que no puedes dejar de visitar. Su encanto al abrir sus puertas al turismo hace tan solo unos años logran que la verdadera cara pueda verse y no sobrepintada por lo que en unos años las grandes compañías harán como hicieron en todo el mundo. Los precios varían entre ser local o extranjero pero la diferencia no es tan desorbitante como lo viví en otros países. Este es un país que fue azotado a lo largo de los años por varios colonizadores. Primero llegaron los portugueses, los japoneses y los británicos. Cada uno intentando imponer a la fuerza un cambio que por suerte no lograron. Mas allá que el territorio contaba con varias etnias con una lengua y una cultura, el myanmo (el idioma oficial) era la base para cerrar varios siglos y unificar todo en un solo país llamado Myanmar.

El nombre Myanmar no siempre fue el nombre oficial. Nada es cierto sino que son varias las historias que se cuentan sobre la historia de este lugar. Algunos dicen que el nombre antiguo era Brahma, en referencia al dios bédico. Así también fue conocido en la India como Brahma-Desh (la tierra de Brahma). Otros me han contado que el nombre era Bamar pero que los británicos con su mal oído le colocaron Burma (Birmania en español). El hecho es que en 1920 se intento buscar un nombre para el territorio que incluya a la mayoría de etnias, entonces quedaron dos, Bama y Myanma (el sonido "r (erre)" desapareció de los dialectos myameses). En la Segunda Guerra Mundial el nombre establecido era Bama o Burna, un nombre que no incluía a las minorías y más aun cuando los británicos anexaron varios territorios habitados por no myanmo - hablantes. Así que por varios años el territorio había recibido el nombre de Birmania hasta la dictadora de 1962 que paso a llamarse República de la Unión de Myanmar.

Existen hoy en día en el territorio varios conflictos armados que hablaré más adelante cuando junte la mayor cantidad de información. Más allá de escuchar a varias personas contarme la historia, yo creo que cada cuento tiene por lo menos dos caras y me gustaría escuchar la otra. He intentado buscarla pero el miedo de hablar sobre el tema es fuerte, lo pude notar en los ojos y las voces de algunos hombres y mujeres que intente tocar el tema.

Y así comencé a conocer a la gente y la ciudad. Caminando horas y horas entre las tan coloridas calles. Muchas cosas salen de lo común, en especial los puestos callejeros con sus pequeños banquitos. Si, pequeños, los mismos que usan los niños chicos para jugar. Sentarse allí es volver en el tiempo y al mismo tiempo aprovechar para la degustación de la comida local o en mi caso también la comida exótica. Me había prometido a mi mismo probar hasta el insecto más extraño y en este lugar comencé. Primero un grillo, un sabor horripilante, como al aceite después de freír un millón de veces. Mi recomendación es masticar directo para no sentir la textura del mismo. También sería bueno tengas una botella de agua o algo para cambiar el gusto porque cada vez se pone peor. Luego le toco el turno a un gusano, sabroso pero viscoso, no sabia para nada mal. Primero el sentimiento de romper la piel frita y luego senti una sustancia suave como comer puré de papa, aunque no sabe para nada igual. Ahora el turno fue para una fruta nueva el baccaurea (la uva birmana), no se parece ni sabe a una uva, tiene una cascara dura de color marrón puede abrirse fácilmente introduciendo la uña en la misma. Dentro encontrarás la fruta de color blanco transparente, un sabor como al lichi y en el medio una semilla. Algo estupendo es que estas tres cosas no me salieron ni siquiera 1 kyat. Tan solo fue pedir uno para probar que los comerciantes tan gentíles me lo ofrecieron sin costo alguno. Y cada vez me enamoro más de este lugar.

Otras cosas que me llamaron la atención fue que no vi ni una sola motocicleta en la ciudad y por lo que tengo entendido, tampoco las hay en ninguna otra gran ciudad del país.

Caminando sin rumbo por las calles observe en la entrada de muchos edificios de apartamentos una larga soga con un gancho en el final, tal parece que aquí para no tener que subir las cosas por las escaleras tienen sogas colgando en todos lados para colocar las bolsas y luego desde arriba subirlas casi sin ningún esfuerzo. Eso me hacia acordar en Uruguay cuando no tenías ganas de bajar a abrir la puerta le bajabas las llaves atadas en una cuerda.

¡Wow que ordenado! Como en cada país en el mundo que visito, un lugar que nunca dejo de lado son los supermercados. Cada lugar con sus comidas, sus marcas, sus productos. Entrar a un supermercado en Myanmar me pareció tan asombroso que termine llamando a la encargada para felicitar el trabajo que aquí se hace. Todo ordenado, limpio, colorido. Siempre que alguien tomaba un producto venía un trabajador a colocar el producto de atrás hacia adelante. Sin quejas, sin prejuicios. Habiendo sido yo encargado de un supermercado por un año y medio en Tel-Aviv, sé lo difícil que es mantener el orden en un lugar así, pero aca lo hacían muy fácil. Los trabajadores se veían felices, con una sonrisa y ayudando a los clientes con sus peticiones. Cajeros y reponedores dando lo mejor; hasta los guardias de seguridad ayudaban a hacer frente a los productos. Que lindo, un lugar así, con tantas energías y orden es un lugar que vende, que atrae. Un trabajador feliz hace un mejor lugar.

Hablando de productos extraños no vi mucho aquí dentro. Si, marcas diferentes pero productos que encontraras en cualquier otro lugar. Encontré la fruta dragón que más allá que la conocía de otro lugar la probé por primera vez aquí. También habían papas fritas con sabor a cangrejo aunque no eran de Myanmar sino de China y otros productos, aunque lo que me llamo la atención fue el orden, algo que repito una y otra vez porque jamás vi un lugar así de esta forma.

La historia cuenta que dos hermanos mercaderes se encontraron con Buda y recibieron ocho de sus cabellos. Los dos hermanos, con la ayuda del rey, llegaron hasta las colinas Singuttara donde se encontraban ya otras reliquias. Estas reliquias incluyen articulos personales de Kakusandha, el filtro de agua de Koṇāgamana, un pedazo de la túnica de Kassapa y ocho mechones de cabello de la cabeza de Gautama. Con estos objetos tan valioso se construyó la pagoda budista Shwedagon, la más importante de Myanmar. Más allá de lo importante que es este lugar junto con sus reliquias, lo asombroso es la decoración con materiales tan valiosos y preciosos. Su color dorado, realizado con láminas de oro (27 toneladas), la estupa está decorada con una corona formada por 2.317 rubíes y 4.531 diamantes, el diamante más grande tiene 72 quilates. Los suelos de todo el complejo de la pagoda Shwedagon son de mármol.

Todo el oro que recubre la pagoda Shwedagon ha sido donado por el pueblo Birmano. Se trata de una tradición que se remonta al siglo XV cuando la reina Shinsawbu donó su peso en oro para recubrir la estupa. Desde entonces el pueblo birmano dona anillos, pulseras, collares y cualquier joya que posean para la conservación de la pagoda y también para la construcción y conservación de muchas otras pagodas que abundan por todo Myanmar. Un lugar donde las personas van a rezar, cantar, comer, dormir o tan solo sentarse a pensar. Un lugar muy limpio y tranquilo, que te dejará alucinado con su color dorado y su gran altura. La entrada al mismo cuesta 10.000 kyats (7 dólares) y por 3.000 más podrás dejar tus championes guardados. Está prohibido entrar con shorts, medias, musculosas, ropa apretada, championes o cualquier otro calzado. Dentro tendrás varios dispensadores de agua pura y fría y si así lo deseas también guías que te contaran la historia a un precio acordado previamente.

Este lugar me hizo pensar mucho en una situación que viví en el hostal dónde me alojo. Cuando el recepcionista luego de una discusión con un cliente que se pensaba que estaba en un hotel cinco estrellas y no en un lugar que pago 3 dólares la noche con desayuno y agua caliente es más que suficiente. El recepcionista un chico, joven, flaco de piel oscura y lentes, estaba angustiado no solo por la situación sino por el hecho de incomodidad en el trabajo. A todo esto, busque tranquilizarlo. "¿Por qué ?" Me decía. Entonces le pregunté: ¿eres budista ? A lo que asintió con la cabeza. Siendo así debes entender lo que buda intento explicar tiempo atrás. La felicidad y todo el resto no depende de los otros, no depende de un dios o de algo. Es todo una cuestión interna, de paz y reflexión con nosotros mismos. Debemos dejar de preguntarnos el por qué de todo. Por qué de las injusticias, por qué de la pobreza, por qué la maldad, por qué el mundo, los astros , las galaxias... Cuando estamos desconformes con un lugar nos movemos sin pensarlo dos veces. Si no nos gusta algo lo dejamos y listo. No podemos ni debemos querer que el mundo nos ame o que nos entienda. Cada uno es diferente y cada uno ve el mundo de otra forma. Así que para sentirnos bien con nosotros mismos y buscar nuestro *status quo* simplemente debemos entender a nuestro yo interno y quedarnos con los que nos haga bien.

Más tarde, ese mismo día, partí hacia la central de buses, más que una estación era una ciudad con más compañías y ómnibus de los que jamás haya visto. Me tardo un largo tiempo y casi no llego al ómnibus por perderme entre las calles. Pero lo encontré. Un ómnibus gigantesco con un servicio estupendo, asientos muy cómodos, una botella de agua y unos dulces. Nada más que pedir. Mi viaje hacia Bagan, la ciudad de los templos había comenzado y cada vez me enamoraba más de este país. Siendo las doce de la noche, uno de los hombres del ómnibus me despertó y me dijo que frenarían por media hora para ir al baño o comprar algo. Me dieron un cepillo de dientes, pasta de dientes y una toalla humectante por si necesitaba ir al baño. Me sonríen, me tratan bien y con respeto, que lindo.

El viaje duro unas 8 horas, cuando se esperaba llegar en 10. Voló, más rápido que un avión. 4 de la mañana llegué a Bagan. Negocie un taxi y llegue al alojamiento dónde había avisado que llegaría a tempranas horas. Unos metros antes de llegar, el taxi se detuvo en un puesto de control donde tuve que pagar 25000 kyat para entrar a la zona arqueológica de Bagan. Un ticket que les servirá por cinco días, aunque no es requerido en ningún lado.

Bagan es una ciudad turística, mejor conocida como el lugar de los templos. Tiempo atrás este sitio fue la capital de los reinos. El mejor lugar para quedarse es al noreste, en un barrio que se llama Nyaung U, donde restaurantes, cafés, lugares de masajes y hasta una gran feria los estarán esperando con la mejor de las ondas. Este sitio que una vez contó con mas de 4446 templos fue gravemente dañado en Agosto del 2016 cuando un terremoto de magnitud 6.8 destruyó o daño una gran cantidad de los mismos. Hoy día, entrando ya casi en el 2020 los templos continúan cerrados en su mayoría y escalarlos (como antes se hacia para tener una mejor vista) esta prohibido por el simple hecho que un mal movimiento podría tirar el templo abajo. Aquí no hay mucha vida nocturna y siendo las 10 de la noche, nada más que tu hostal permanecerá con las puertas abiertas. Este es un lugar de meditación, de amaneceres y puestas del sol, de las más lindas que he visto en mi vida. Para llegar a los templos, la mejor manera es alquilar las e-bike por un precio que varia desde los 4 a los 6 dólares el día. Las e-bike son motocicletas eléctricas que soportan una distancia promedio de 50 kilómetros. Eso sera suficiente para visitar varios templos al día. Con el tema de los amaneceres y las puestas del sol, les recomiendo buscar por su cuenta. Tendrás muchos locales que les llevaran a diferentes puntos (varios de ellos ilegales y los podrán meter en problemas) para luego venderles mercadería demasiado cara. Lo más lindo fue el amanecer, con un fondo de templos y los globos aerostáticos por doquier. Esa también es una buena opción pero no bastante económica. Los globos tienen una tarifa promedio de 350 dólares por un rato en el aire. Si puedes, hazlo.

Hay un tema que no lo podía pasar en alto y más aún luego de una noticia que me enteré hoy. La noticia decía "turista alemán muere al pisar una mina" y cuya realidad es otra. Aquel hombre de 40 años junto a su novia argentina fueron tiroteados por un grupo armado al estar ellos en un lugar en conflicto. La noticia fue camuflada por la simple repercusión mundial que esto podría generar. La joven de Argentina intenta decir la verdad pero por ahora los medios tienen más fuerza que la verdad. Nada raro.

El conflicto entre los Rohingya y el Estado comenzó ya hace varios años, previo a la independencia del país. Esta etnia llegó a Birmania con la promesa de trabajo y futuro. Más adelante se les prometió un territorio independiente. Tomando en cuenta que su cultura (bengalí) y su religión (musulmana) se asemejan a Pakistán, intentaron ser parte, pero ningún país los aceptó como parte del mismo. Cuando los británicos gobernaban el territorio fueron miles los inmigrantes de esta etnia que fueron traídos con esperanzas y sueños. Más adelante comenzó el primer conflicto armado. En la Segunda Guerra Mundial los Rohingya defendieron con armamento británico el país, mientras que muchos budistas locales apoyaron el ataque y la penetración japonesa. Culminada la guerra, los Rohingya (el ARSA, un grupo terrorista armado) y los budistas continuaron peleando. Violaciones, apedreamientos, secuestros y muchas muertes de los dos bandos. Una pelea a la gran "me pegaste, te pego" que no se podía controlar. El problema más grave paso luego que el gobierno de Myanamar tomara la decisión de no aceptarlos como ciudadanos con el pretexto que su etnia no es parte de las 135 diferentes etnias que tiene el país. "No hablan mi idioma ni saben de nuestra historia, ellos no deben ser parte de nuestro país" me decía un hombre.

Hablar de este conflicto puede tornarse ilegal y hasta ir a la cárcel. Muchos fueron mis intentos por escuchar la voz de los ciudadanos birmanos (tanto hinduístas, budistas como musulmanes) pero el miedo que este tema genera es más grande de lo que imaginaba y nadie quiso colocar su imagen en la cámara. Fue una noche, en un bar local (donde nadie sabía ingles), cuando dos hombres mayores (70 años o más) se animaron a hablar pero sin nombre y sin imagen, tan solo un audio de 9 minutos fue todo lo que pude rescatar.

"Lo más importante sobre los bengalí, es el problema con los Rohingya que empezó en 1941 durante la Segunda Guerra Mundial. El nombre Rohingya no es el nombre legal ni oficial en Myanmar, el mismo es bengalí. Ellos son musulmanes descendientes de Bangladesh. Durante la Segunda Guerra Mundial, el ejercito japones invadió Myanmar. El ejercito británico les ofreció munición y armamento a los bengalíes para detener o retardar la penetración el ejercito japones. Luego que los bengalíes recibieran el armamento y el entrenamiento de las fuerzas armadas británicas, ocuparon el territorio del Estado Rakhine. Ellos atacaron varias aldeas de las personas de Arakan y ocuparon el norte de ese Estado. Los bengalíes tenían la idea de ser parte de Pakistán e intentaron comunicarse con Muhammad Ali (fundador de la independencia de Pakistán). Pero él no acepto la idea. El nombre Rohingya fue un nombre fabricado por Pakistan"

De una forma u otra, de una historia a otra, miles de personas están siendo asesinadas sin que nadie haga nada. Los conflictos armados no generan más que odio y tragedias. El grupo armado ARSA debe ser desmantelado así como el gobierno de Myanmar debe buscar una solución pacifica ante este problema. Las palabras deben ser escuchadas y no calladas.

Continuando con el viaje, hoy era día de conocer un lugar diferente, espiritual y un tanto deportivo. Eran las tres de la tarde cuando una camioneta paso por nuestro hostal rumbo al Monte Popa. Ubicado sobre la cordillera de Pegu, este sitio no siempre fue habitado por el hombre o algún otro animal. El mismo fue un volcán que con el tiempo se apagó y no volverá a ser activo nunca más, al menos eso me informaron. Allí mismo construyeron un gran templo para los dioses más poderosos y el hogar de 37 espíritus llamados nats. Son 777 escalones desde la base a la cima, a una altura total de 1518 metros sobre el nivel del mar. Un lugar muy tranquilo y con una vista 360° de la zona. Muy lindo para ver un bello atardecer. Te encontraras en todo el camino una gran cantidad de monos que no son agresivos pero que si a veces molestaran al subir o bajar el monte. En realidad eso me llamo mucho la atención, yo creo que el mejor nombre que debería recibir este lugar no debería ser Popa (que significa flor) sino Monkey (mono).

De allí continué hacia la antigua capital real de Birmania, donde vivieron los últimos dos reyes. Mandalay, una ciudad con un poco más de un millón de habitantes y con mucha importancia histórica. La misma sufrió una gran destrucción durante la penetración y conquista de los japoneses en la Segunda Guerra Mundial.

Cansado de ver tantos templos y pagodas, comencé el recorrido junto a una chica italiana que había conocido en Bagan y un refugiado político iraní que vive desde que tiene cinco años en Amsterdam, el detino fue el Palacio Real. Bueno, en realidad hoy en día es un museo, pero aquí era la casa y el centro de mando durante los últimos dos reyes. Un lugar que parece sacado de una película y que fue fuertemente dañado durante la conquista japonesa. Luego nos tomamos un tuk tuk hacia el otro lado de la ciudad, cruzando el río Irrawaddy, hacia una pagoda ubicada en una colina. Con una antigua escalera de piedra de 440 escalones. Si, los conté uno a uno al descender. Y de allí hacia nuestro último destino, sobre el lago Taunghaman, donde se encuentra el U Bein Bridge. Un puente de madera de unos 1200 metros, construido a mediados de 1850, siendo uno de los más viejos y extensos en el mundo. Un lugar donde no puedes dejar de rentar una pequeña balsa y ver el amanecer o la puesta de sol. Donde el anaranjado, el rojo y el negro pintarán el puente como una vieja pintura.

Hasta que llegue a un pequeño pueblo llamado Kalaw, punto de partida de un trek de dos o tres días hacia el lago Inle, una aventura que no me quería perder. Y fue allí que me enamore perdidamente. Magda, una chica polaca de rizos rubios cómo el mismo rayo de Sol, una energía inolvidable y un encanto que me dejo boca abierta. No tardé mucho en hablar con ella y saber su nombre y su nacionalidad. Poco después vino la noticia de que partiría al día siguiente. No, eso no podía pasar. Tenía que saber más. Unas palabras y un día juntos fueron suficientes para que ella cambiara de parecer. Si, se quedaría un día más para poder continuar juntos. No era las ganas de besarla lo que más me llamaba la atención sino las ganas de conocerla. Es el amor y no quiero dejarlo escapar.

Ese día le tenía prometido hacer algo para pasar el día, así que cogimos unas bicicletas y nos fuimos a pasear. Primero pasamos por una pagoda dentro de una caverna. Más de 8000 estatuas de Buda se encontraban allí, en el piso, las paredes y en cada rincón. Luego continuamos hacia la cima de una montaña a través de una larga escalera de piedra. La vista no era completa ya que muchos árboles la tapaban. Pero un poco de ejercicio no le hacen mal a nadie.

Comenzamos el primer día de caminata junto a Mina, una guía local muy loca, pero excelente para pasarla bien. Ya éramos un grupo variado. Polonia, Uruguay, Chile, Irán, Israel, Italia, Holanda, China y Australia. ¿Variado de verdad? Yo seguía enamorándome. Ya no era secreto, el grupo fue parte de nuestro casamiento ficticio y de la adopción de Carlos, un hermoso niño birmano. Es broma, no se asusten.
¿Será que está chica me podría cambiar mis planes? Uffa, tengo máximo una semana con ella hasta que se vuelva. Un tiempo corto pero que quiero recordar.
Bueno bueno creo que me colgué recitando frases bonitas pero nada sobre el trek.

El primer día se camina unos 21 kilómetros en floresta. Pasando entre algunas plantaciones de arroz, sésamo, hortalizas y árboles frutales. Pasamos la noche en una casa de una familia. Allí comimos delicias locales como palta y arroz, nos bañamos con un balde de agua fría y dormimos (o lo intentamos porque el frío era cruel). El segundo día, luego de un desayuno y de despedirnos de Carlos, conocimos varias cosechas de chile y té. Un total de 24 kilómetros ya que salteamos un lago del cual podríamos habernos metido pero en una democracia gana la mayoría, así que entenderán cuál fue la decisión. Una hermosa noche, estrellada, con un atardecer de película y un fogón con canciones y risas. Lo difícil fue bañarme, con un balde y un estanque de agua fría. Afuera, la temperatura era de 4 grados pero por suerte tenía a Magda para generar un poco más de calor. El último día fue un poco triste porque nos despedimos de Mina, la guía, con la que habíamos compartido una travesía estupenda. Dieciséis kilómetros que me aparte un poco del grupo para conocer más a esta chica que apareció de repente en mi vida y que en unos días continuaremos nuestras vidas recordando los lindos momentos.

Almorzamos en una bella aldea y nos subimos a un bote a motor que nos llevó hasta Nyaung Shwe, un pueblo al otra lado del lago Inle.
Mercados nocturnos, puestas de sol en un viñedo, masajes, mi primera clase de yoga, un poco de piscina, bicicletear a lo largo del lugar pasando por pueblos y cavernas pero sobre todo eran los últimos días con este grupo. Más aún eran mis últimos días con Magda. La despedida fue un poco triste pero es parte de la vida y de esperar que en un futuro los caminos se vuelvan a juntar.

Era tiempo de despedirme de este lugar que me había atrapado tanto. Este lugar donde el conductor está del lado derecho pero conducen de mano izquierda porque no les daba el dinero para cambiar los automóviles de todo un país. Este lugar donde el encanto es tan hermoso como la vergonzosa sonrisa que llevan dentro. Este lugar donde dos motos están a punto de chocar y se sonríen como si nada hubiera pasado. Este sin lugar a dudas era mi lugar. Pero mi visa se estaba acabando y necesitaba continuar.
Fueron veinte largas horas en ómnibus desde el lago Inle hasta la frontera sur con Tailandia. Necesitaba una buena cama, buena comida y un buen baño. El oficial sello mi pasaporte y ya me encontraba pasando el puente hacia Tailandia. Pues aquí comenzó lo

que en su momento fue una historia de enojo y estrés. En este lugar no aceptaban el hecho de que tuviese más de un pasaporte y salteándose las reglas internacionales simplemente me negaron la entrada. Myanmar no me quería dejar ir. Fueron otras 13 horas en ómnibus y de vuelta al comienzo de esta aventura, Yangon. Mi enojo se fue tan solo con volver aquí. Eran más de veinte conductores de taxi parados en la puerta del ómnibus esperando a sus clientes. Estaba tan dormido que olvide por dónde subirme al auto. El hombre me dió la llave y me preguntó si quería conducir.

Al día siguiente acompañe a dos chicas francesas por un piercing y un tatuaje. Espontáneamente quería marcar este lugar en mi vida. Pues poco antes de salir del lugar decidí tatuarme yo también. Un punto y una coma, un alto y un seguir. El punto y la coma para mí, siendo escritor, significa la culminación de algo pero siguiendo luego el mismo camino. Estoy triste de dejar este país, pero más aventuras me esperan. Quizás algún día volveré.

LAOS

Muchas eran las bellas historias de viajeros que en el camino me contaban sobre Laos, pero claro tenía que verlo con mis propios ojos. El vuelo con escala en Bangkok aterrizó luego de 4 horas en el aeropuerto de Luang Prabang. Un aeropuerto diminuto pero con el buen recibimiento de un atardecer. El Sol se ocultaba detras de las montaña mientras caminaba a buscar la visa de entrada. Una larga lista de todos los países del mundo te espera, cada país un precio, pero varia entre 30 y 40 dólares. Recuerda siempre tener dólares para pagar las visas en las aduanas. Tomé mi mochilera y busque un pequeño puesto para comprar un chip local. Allí mismo se encontraba una chica que esperaba por su chip, la misma chica que se subió a mi taxi rumbo a la ciudad. Sabrina, austríaca de 32 años, despejando su cabeza luego de 5 años en una misma compañía. El taxi no debe salir más de 40000 kip ya que la ciudad queda a pocos kilómetros de allí.

El Downtown Backpackers Hostal es muy bonito, barato y a una cuadra del mercado nocturno. Necesitaba comer algo y dormir, venía acumulando muchas horas de sueño. Allí me encontré con un español de casi 70 años que viajaba por el mundo, disfrutando de la vida y de la jubilación. Lo que más me llamaba la atención fue un viaje en bicicleta que había hecho hace poco por África, ¡qué fuerza de voluntad! El único problema que tenía era no saber ingléspor ende no se podía comunicar con la mayoría de las personas. Quería escuchar más sobre su viaje por África, así que camine con él por el pueblo y nos sentamos a comer. Muy barato, los platos más caros del menú rondaban los 5 dólares.
Había quedado con Sabri en pasar por un templo y almorzar juntos. La comida es exquisita y lo mejor de todo es la variedad de carnes que tienen, algo que extrañaba después de pasar por países dónde lo más interesante que podías conseguir era pollo o yak. La ciudad es pequeña, la recorrí corriendo por una hora y así pude ver y conocer los distintos puntos, la gente y su día a día. Bueno también necesitaba empezar a hacer un poco de deporte. Cerca de la ciudad se encuentra una cascada con acceso a algunos puntos para poder nadar. También se puede rentar una motocicleta, solamente ten cuidado que algunos conductores no entienden los límites de velocidad. De cualquier manera tendrás que pagar otros casi 3 dólares para entrar al parque nacional.

Dentro de la ciudad tendrás el mercado nocturno con mucha variedad de comida, desde verduras (no sabía que había tanta variedad de cosas, frutas y carnes (incluida la comida de mar). Más tarde puedes ir por una cerveza a un bar cerca del río llamado *Utopía* con muy buenas vibras, gente joven y fogones. El lugar cierra a las 23:30 y luego la gente se mueve a otro lugar para continuar la fiesta llamado *Bowling* aunque escuché muchas historias de personas que fueron drogadas así que tan solo ten cuidado.

El supermercado tiene gran variedad de productos, entre ellos hay quesos (que tampoco ví anteriormente), carnes, y papitas lay´s de sabores muy extraños. Entre ellos llegue a probar lay´s sabor sushi, mariscos, cangrejo y algas de río, aunque espero no de algún río de la zona pues los ví muy contaminados.
En la mañana, tempranito, desde las 5 y media hasta las 6 y media podrás ver la caminata de los monjes. Algo que sucede todos los días. Aunque luego de estar allí, lo que me generó, fue un simple rechazo. Todo lugar que lo hacen únicamente turístico pierde el

encanto. La caminata matutina de los monjes hacia el templo se realiza en unas de las calles principales. Allí abra muchas personas (en su mayoría turistas) que se les ofrece unas canastas con arroz y alguna otra cosa para entregar a los monjes. No pienses que es gratis, así que si quieres hacerlo una vez está bien pero cuando se termine tu canasta pasarán a ofrecerte más. Más es más dinero. De allí podrás caminar hacia la feria matutina y probar alguna fruta, jugo natural o delicias de coco que están muy sabrosas.

Ten en cuenta que cerca de la ciudad verás hermosos paisajes de montaña y floresta pero está sumamente prohibido el acceso en todo el país sin un guía local, pues aún se encuentran más de 75 millones de minas y bombas activas sin encontrar.

Las personas en Laos son muy amables y me asombra que sepan sobre Uruguay. Claramente por el jugador de fútbol Luis Suárez.

Mi plan era pasar la navidad en el norte de Tailandia con personas que había conocido anteriormente pero al negarme la entrada tenía que pensar en otro plan, así que después de compartir con Sabrina unos días decidí que lo mejor era continuar con ella. Al día siguiente nos tomamos un pequeño bus hacia la ciudad de Vang Vieng. En el camino es cuando te vas dando cuenta que este pequeño país recién comenzó a construirse para el turismo. Las rutas y los puentes recién comenzaron a pavimentarse. La población es muy joven en comparación con Luang Prabang con mayoría de personas mayores de 40. Este lugar es famoso por el "tubing", subirse a una goma y estar horas en el río. El lugar se volvió popular por el uso de drogas en el río, algo que la policía intenta controlar. Un lindo pueblo para caminar entre sus calles y probar comida local. Rentar una moto y conocer las mil y una cuevas que tienen. Lugares casi intactos dónde podrás disfrutar la belleza natural de la montaña. También tienen varias lagunas aunque recomiendo la número 4, que queda a 15 kilómetros de la ciudad y tiene poco público. La mayoría de las cavernas cuestan 5000 kip y los cruces de los puentes y las entradas a las lagunas cuestan entre 5000 y 10000 kip por persona aproximadamente 1 dolar.

Andar en globo siempre fue un sueño, uno que no estaba al alcance de mi bolsillo. Siempre quise saber que se siente volar, alto, pasar las nubes y mirar el horizonte. Ese sueño se hizo realidad en Vang Vieng. Allí se encuentra el viaje en globo más barato del mundo, a un máximo de 90 dólares, para disfrutar un brillante amanecer o un cálido atardecer. Eran las 5 y media de la mañana cuando una camioneta paso a buscarme en el hostal donde me alojaba. Minutos más tarde una fuerte flama comenzaba a inflar el gigantesco globo. La tela con colores del arcoiris se comenzó a elevar y rápidamente me subí a la canasta. Allí estaba yo, viviendo otro sueño.

Estaba tan concentrado en filmarlo todo que ni me di cuenta que ya estábamos en el aire. Esa imagen no me la puedo sacar de mi cabeza, las montañas, las nubes y el magnífico horizonte que esperaba ser despertado por el brillo amarillento y anaranjado del Sol. No sentía vértigo, era como estar volando de un lado para el otro.

Finalmente el amanecer, con sus rayos iluminando cada rincón del lugar. Que maravilloso, que lindo que se siente y que feliz que estoy de estar acá. Nuevamente me cuestiono la idea que nada es imposible si uno realmente lo desea.

Otra navidad fuera de casa. No soy religioso, ni siquiera soy cristiano, pero recuerdo a mi tía Susana disfrazada de papá Noel. Recuerdo estar con gente querida, compartiendo y siendo feliz. Esa fue la idea de navidad que tengo desde que soy chico. Aunque no comparto la idea del consumismo en que se convirtió está festividad. Este día es para juntarse, con gente que te sientas bien. Brindar por la amistad, la familia, el amor y sobre todo por la vida, por las cosas lindas.
Esta vez la navidad me tocó en un país donde el concepto de navidad es conocido unicamente por algún que otro turista que paso por aquí. Aquí no hay fuegos artificiales o grandes fiestas. No hay un árbol lleno de regalos o calles iluminadas por luces multicolores. Son pocos los lugares donde el simbolismo navideño se puede ver.
El simple gorro rojo y blanco que llevaba puesto fue el comienzo de una sesión fotográfica con cada hombre y mujer que pasaban junto a mi. Una sonrisa y un sentimiento de querer ser parte de esta festividad que poco y nada saben. Un señor paso frente a nosotros y le grite: Feliz Navidad!! sonrío y continuo su camino. Volvió unos minutos más tarde con comida recién hecha que compro en un negocio a pocos metros de dónde estábamos. Esa misma comida que me regalaron la compartí con más personas. Desde el conductor de tuk tuk hasta el guardia de seguridad del supermercado. Vivir para compartir, compartir para sonreír, sonreír para cambiar el mundo.
Aún así era hora de brindar. Por la familia, los amigos, los amores, por cada viajero que me encontré en este maravilloso viaje, pero sobre todo por la vida y por nosotros mismos. Brindo por ustedes y por mi, quien no bajara los brazos nunca y cumplirá cada uno de sus sueños, por más ridículos o inaccesibles que sean. Miren dónde están ahora y preguntense si es el lugar donde quieren estar, de no ser así, hazlo muévete. Nadie podrá detenerte cuando realmente quieras algo y lo más lindo sera mirar el camino que hiciste para llegar dónde ahora estás.

Los últimos días en la capital me los he tomado con calma. Jugos de naranja natural, paseos nocturnos por el borde del río Mekong (río clave en la guerra de Vietnam) donde tendrás a pocos metros el país vecino Tailandia y por último un museo muy interesante ubicado al costado del hospital para discapacitados llamado COPE. Este museo muestra el terrible rastro que dejó la guerra, dónde Estados Unidos lanzo más de 2 millones de toneladas de explosivos. Quedan hasta el día de hoy más de 75 millones de artefactos explosivos bajo tierra y son cientas las minas que año tras año se activan al pisar de un campesino hasta el calor de una olla caliente (futura comida en una aldea).

La última noche paso algo inusual. Estábamos sentados al lado del río a las 11 y media de la noche cuando un hombre pasa y se siento al lado nuestro ofreciendo drogas. Nos negamos inmediatamente y se fue. Pocos minutos más tarde otros dos hombres con vestimentas no fuera de los común se acercan, uno de cada lado. Nos miran y miran sus relojes, pero no dicen nada más. Nos siguen mirando y uno de ellos no dice: "23:30 sleep".

No entendíamos nada. Hasta que nos pide nuestros pasaportes y nosotros que se identifique. Eran policías. A eso llegan dos más con ametralladoras de bajo calibre y se ponen detrás nuestro. Nos piden que abramos nuestros bolsos y se ponen a buscar drogas. No encuentran nada y nos repite: "23:30 sleep". Entendimos que no querían que estemos allí así que nos fuimos. Al día siguiente me enteré que no se puede estar en esa área pasadas las 11 de la noche. Algo a tener en cuenta es que las drogas en estos países son ilegales y muy buscadas. Los policías buscarán la forma de sacar provecho y un dinero de costado, en muchos casos mandando a alguien a venderte drogas para agarrarte poco después.

Muchos me dicen que las capitales en estos países no son nada lindas, que no da para quedarse mucho tiempo por allí. Yo pienso lo contrario que es el lugar perfecto para comenzar a entender la realidad que allí se vive. Un gran impacto para luego ir amoldando, así como lo viví en Delhi.

Al día siguiente, luego de prepararme el desayuno, un tuk tuk paso por mi y me llevo hasta la estación Norte de autobuses. Les aconsejo saber el horario de ante mano y comprar el boleto directo allí. Así se ahorrarán varios dólares que son la comisión de los lugares de venta.

En la estación me encontré con Luis, aquel hombre español que había hecho África en bicicleta a sus 65 años. Al acompañarlo a tomar un café casi perdemos el ómnibus con nuestras mochileras dentro. Siempre controla dónde se encuentra tu ómnibus, el chofer no te esperará. Horas más tarde llegamos a un pequeño pueblo llamado Kong Lor, al centro este del país. Un lugar muy pequeño con tan solo 3 lugares donde comer y 5 lugares donde dormir. De a poco van construyendo más, ya que el turismo se empieza a notar.
Este lugar es famoso por una cueva de casi unos 7 kilómetros ubicado a unos 500 metros del pueblo. A partir del primero de enero del 2018 se puso un precio fijo de 65000 kip para la entrada al lugar. Eso incluye la ida y la vuelta, una linterna de cabeza y un chaleco salvavidas. La entrada al río está prohibida pero lo que verás en las horas que estés allí dentro te dejarán satisfecho. Estalactitas y estalagmitas por todos lados, un fresco viento que te cubre de principio a fin y una impresión del lugar que no te arrepentirás ni un segundo. Al otro lado de la caverna tendrás un pueblito que podrás recorrerlo caminando o alquilando una bicicleta o una motocicleta.
Llegar a Kong Lor no es muy difícil, lo difícil es salir. Hay poco transporte que sale del lugar y a precios no muy económicos. Si vienes en motocicleta te ahorrarás un dolor de cabeza.

Un solo ómnibus llega al pueblo por día y el conductor pasa la noche allí. A las siete de la mañana parte nuevamente para la capital y aprovechamos por unos dolarillos que nos saque del pueblo hasta la ruta principal. Al llegar allí deje mi mochilera junto a Luis y a otros jóvenes que buscaban continuar el camino hacia el sur. Camine unas cuadras buscando alguna solución. Nadie me entendía pero un hombre con un sistema de señas me dijo que me subiera a su camioneta que me dejaría en un lugar donde pasan ómnibus para ese lado. Cuando frenamos me di cuenta que estábamos a pocos metros donde nos había dejado el otro chofer y vi a lo lejos que alguien estaba metiendo mi mochilera en un ómnibus que había parado. Rápidamente y con hawaianas corrí hacia el lugar y Luis me comunico que ese ómnibus nos dejaría en Pakse, la ciudad a la que nos dirigíamos.

El ómnibus de carga tenía en el techo una gran cantidad de tanques plásticos y en la bodega llevaba material de construcción, entre otras cosas 5 tanques de gas. Pasaron nuestras mochilera por la última ventana y busque un asiento donde estar lo más cómodo posible, algo que no fue fácil. Jamás podré entender como una distancia de 400 kilómetros se puede hacer en 12 horas. Frenaba en cada pueblo que pasábamos, dejando cada paquete en su lugar. En cada parada subían unas diez mujeres a vender comida. Desde pollo, piel de chancho y huevos duros en un palo.

Llegamos a Pakse a la noche con la esperanza que algo estuviese abierto para cenar, o desayunar o almorzar.
Horas más tarde me encontré con Dário, un italiano que vendía su motocicleta vietnamita y que yo venía hablando con él para continuar camino en ella. El nombre de la motocicleta era Carla, así me comunico él. La probé y observe cada detalle posible, ya que conduciré con ella por varios miles de kilómetros y no puede fallarme en la mitad.

Si compras una motocicleta por estos lados debe ser una motocicleta vietnamita. Estas son las únicas que pueden cruzar a Laos y a Cambodia con la tarjeta de identificación (blue card). Debes chequear que los datos de las tarjeta azul coincidan con el numero de chasis y de matrícula. Luego analiza la moto, desde perdidas de aceite, estado de los fierros, las gomas, que las luces prendan (incluidas las del señalero), los frenos, etc. Cambia el aceite cada 500 kilómetros o un poco más y recarga el tanque cada 150 kilómetros. Si van a viajar dos en la moto, entonces recomiendo construir en una herrería una base en la parte trasera para colocar los bolsos.

Pakse es la segunda ciudad más poblada de Laos, aunque no hay mucho que hacer. Lo más común es alquilar una motocicleta y hacer el famoso loop pasando por diferentes cascadas y pueblos. Por mi parte recorrí dos de las cascadas por separado ya que se ubican a tan solo 40 kilómetros de la ciudad. Ten cuidado en la carretera ya que no respetan las leyes de transito y en especial en los camino de tierra y pedregullo que fueron varios los turistas que vi accidentados.

Y es tiempo de cerrar el 2019 y darle la bienvenida a otro año más. Más allá que en Laos todo cierra temprano este día fue una excepción. Junto a un grupo de 10 personas de diferentes países del mundo fuimos a un bar local a unas cuadras del hostal. Al llegar al lugar, nos dimos cuenta que eramos los únicos turistas entre más de 100 personas y que todos nos estaban mirando. Al principio no conseguimos lugar, pero minutos más tarde una mesa se desocupo y nos sentamos. Brindamos con cerveza y hielo. Si, con hielo, así se toma en este lugar. A las doce en punto me encontraba orinando, cuando escuche el grito de las personas diciendo: 5,4,3,2,1. Feliz Año Nuevo lectores y viajeros del mundo!!!. No fueron más de cinco minutos de fuegos artificiales pero me asombro que los hubiera. Doce y media, el local estaba vacío. Era raro que estén fuera de casa a estas horas. Continuamos caminando rumbo al hostal cuando un puesto de comida callejera nos convido con unas bananas a la parrilla y boniatos. Luego pasamos por la puerta de una iglesia que estaba muy bien iluminada y unos metros después había una residencia con personas comiendo fuera. Les grite "Feliz Año!!" y una chica corrió a abrirnos la puerta. Resulta que era una escuela con personas con capacidades especiales y allí terminamos la noche, disfrutando con risas y más cerveza aguada.

El último destino en el sur fue junto a Alex, una chica francesa que quiso acompañarme a visitar Vat Phou, las ruinas de unos templos del Imperio Jemer. Un lugar muy agradable y con unas vistas panorámicas de impresionantes. Al volver almorzamos en un restaurante local y paseamos junto al río Mekong. Allí frenamos y como estaba muy caluroso me tire un chapuzón. El agua no olía muy bien, ni era transparente, pero era necesario cerrar el día en ese lugar.

Era hora de continuar, estaba a unos días de pasar la frontera para Vietnam, donde Sabrina me esperaba para continuar la travesía. Por suerte verifique la ruta una vez más, ya que había colocado por error otro camino, algo que me hubiese complicado las cosas.Tenia un trayecto de unos 500km y en la moto a una velocidad promedio de 60km por hora estaría manejando unas cuantas horas.

Había salido muy tarde de Pakse, eran las 11:30 y estaba en camino hacia el norte. Pasada una hora y media busque un lugar para almorzar. Frene en un restaurante pero no nos entendíamos ni con señas, entonces un hombre me indico un lugar en la acera de enfrente donde había música a todo volumen. Agarre la moto y me estacione allí. Al bajarme y sacarme el casco fui recibido por los gritos de decenas de mujeres borrachas. Sonreí y me acerque preguntando si tenían algo para comer. Tan solo una chica hablaba un poco de inglés. Enseguida me ofrecieron cerveza a lo que tuve que negarme ya que debía seguir conduciendo por varios cientos de kilómetros. Resulta que una de las chicas se había mudado a esa casa y era la costumbre festejar a lo grande. Me ofrecieron arroz y ensalada, bueno en realidad el primer plato que pusieron frente a mi era muy picante. No era que no me sentía agradecido con la invitación del lugar, pero era casi imposible comunicarse y sentía que lo único que hacían era mirarme, así que luego de un rato agradecí y continué camino. Unos kilómetros más adelante frene para fumarme un cigarrillo, aunque no tenia fuego, estacioné frente a un kiosko en medio de la nada que vendía cigarrillos. Sin una palabra de inglés termine mostrándoles mi canal de YouTube al hombre y a su hija, y les regale una de mis tarjetas personales cosa que tomo con mucho aprecio.

Así que ahí estaba yo, conduciendo una motocicleta por las rutas de Laos muy loco no? Muchas horas de carretera y nada más que vacas cruzando la calle de lado a lado, pequeños remolinos de tierra y muchas estaciones de servicio clausuradas. Entonces me puse a pensar donde estaba y a donde había llegado mi vida. Una lágrima comenzó a caer por mi mejilla, estaba emocionado y debía bajar la velocidad si no quería chocar. A unos veinte kilómetros de la ciudad de Seno conseguí un lugar donde pasar la noche.

Faltaba muy poco para llegar a la frontera de Lao Bao, pero decidí tomar un descanso a unos 40 kilómetros antes de llegar mi cuerpo me lo pedía. Me quede en un Guest House llamado Sabaidee en una de las calles perpendiculares a la ruta principal.
Son las siete de la mañana, coloco el bolso en la motocicleta y verifico que todo esta en orden. Mi pasaporte junto a la visa vietnamita y los permisos de la motocicleta conmigo. Enciendo la moto y la dejo calentar un poco. Una hora después llego a la frontera, o eso creía yo. Buscaba la oficina de migraciones pero no había nada con ese nombre, y continuo unos metros mas. Quizás ya haya pasado la frontera y no me di cuenta. Vuelvo y les pregunto a unos policías y toman mi pasaporte. Lo analizan de la primera hoja hasta la última y me informan que continúe. Cien metros después me frena otro policía a revisar mi pasaporte y me indica entrar en un predio a mi izquierda. Dejo la moto y entro. Allí otro policía revisa mi pasaporte y me dice que primero debo ir a otra oficina (a menos de un metro) a sellar salida de Laos y luego pasar por la oficina de la izquierda (a un metro) para sellar la entrada a Vietnam. Los oficiales de Laos tenían buena onda, sonreían y les gustaba que sepa algunas palabras en su idioma. Los de Vietnam estaban súper serios, no les interesaba nada de lo que les decía. Lo raro fue que no revisaron mi mochilera o los papeles de la moto. Salgo a continuar camino y otro policía me pide el pasaporte. Y si no era suficiente, al arrancar la moto y conducir por menos de 10 segundos otro policía me vuelve a pedir el pasaporte. ¿Demasiada seguridad o no tienen nada que hacer?

VIETNAM

Había quedado con Sabrina en encontrarnos en la ciudad de Dong Ha para continuar camino hacia la capital. Primero pase por una telefonía a colocar una tarjeta sim y poder comunicarme y de repente vi pasar a Sabrina. Hicimos una parada para almorzar y seguir. Metros más adelante la moto comienza a tambalearse, habíamos pinchado. Por suerte en estos países tienen muchos lugares de repuestos. Un hombre me cambia la cámara y la cubierta por 15 dólares y continuamos. Unos kilómetros más adelante otra vez. ¿En serio? Esta vez estaba un poco más nervioso. Ya comenzaba a oscurecer y nadie entendía inglés o el idioma de las señas. Allí fue la primera vez que me cuestione lo difícil que es hacerse entender pues si indica una rueda pinchada y vienen con gasolina creo hay un problema mayor. En ese lugar decidimos reducir el peso y comenzamos a regalar muchas de nuestras cosas y a tirar otras. Dos mochilera en la parte trasera era demasiado.Al fin logramos entendernos,eran seis hombre y una caja de herramientas cambiando la goma por 50 centavos. Agradecí y continué a toda prisa ya que la noche se acercaba.

Pasamos la noche en un hostal de Dong Hoi y continuamos a la mañana siguiente. Hay una sola palabra para describir la formar de conducir aquí: KAMIKAZE. Nadie mira para entrar en una calle, de izquierda a derecha y derecha a izquierda, sin uso de señalización o interés. Es como que no les importara la vida de los demás o las suyas propias. 500 kilómetros de extremo peligro y pequeños pueblos con mucha basura. Policías de tránsito no muy profesionales y absurda señalización.
Fue allí donde decidí llegar a la capital y vender la motocicleta. El tránsito me tenía estresado y venía a disfrutar. Las motos se pueden vender muy fácilmente a otros viajeros o a un taller aunque esta segunda opción es para salir perdiendo.

Vietnam es uno de los cinco países comunistas en el mundo y es otro de los países donde sigo buscando el lado comunista. Imágenes comunistas vendiendo servicios de telefonía, autos cero kilómetro de las empresas más capitalistas en el mundo automotriz, las casas ultra modernas en los barrios más pobres de la ciudad. Con el dinero que invirtieron en colocar banderas comunistas en cada metro de todo el país, podrían construir plantas recicladoras y no quemar plástico todo el día.

Y si debo pedir algo más es que dejen de responder "si" cuando no entienden lo que digo. Todo el tiempo dicen que "si" cuando les preguntas algo.

- ¿Dónde esta el baño?
- Si
- ¿No entiendes lo que digo, verdad?
- si

(y así puedes estar todo el día)

Así que luego de tres días llegamos a unos bungalows cercanos a la ciudad de Ninh Binh, pero del otro lado de la montaña. La chica que nos recibió era muy amable y hablaba inglés fluido. Los cuartos eran súper cómodos, ducha caliente, buena conexión de Wifi y un menú amplio y traducido. A la noche su sobrino de 13 años se puso a hablar conmigo. Me contaba que su tía les enseñaba inglés a toda la familia, que iba a la escuela y había visitado Uruguay con su familia cuando era un bebé (aunque esta parte todavía no me queda muy clara). Le contaba de la importancia del idioma y la fuerza que tiene para comunicarse.

Llegamos a la capital. Me sentí Schumacher. Nunca tuve tanto miedo de manejar y esta ciudad me transmitió un mensaje: NO MÁS CARLA. Así, esa noche una pareja de rusos vino a ver la motocicleta y me despedí de mi compañera de viaje. Perdí unos cuantos dólares, pero creo que mi vida vale más que eso.

Autos y motocicletas de un lado para el otro, sin mirar, sin importarles si alguien pasa. De a dos, tres, cuatro y hasta cinco en la moto. Sin casco, ni espejos. Hablando por celular, subiendo la vereda y si fuera poco, hasta cruzar la calle con luz verde puede ser peligroso. El país tiene una población de 100 millones de habitantes, de los cuales 7.5 viven en la capital. De esos, hay 5 millones de motocicletas debido a que son baratas y porque hay lugares donde los autos no pueden pasar (por tema de espacio). Los autos pagan 200% de impuestos en importación.

El antiguo nombre de la capital era Tang Lon, que significa *dragón que vuela* y fue modificado a Hanoi que significa *la ciudad dentro del río*. Esta es la capital desde el año 1010 y continúa usando al dragón como escudo nacional. Recorrimos caminando el centro, atravesando un gran lago hasta llegar a un sitio en particular.

¿Les conté que hasta ahora, pasados cuatro meses de viaje la única carne vacuna que comí fue un insulto a su nombre? Así que encontré lo más parecido a eso, o simplemente era algo que necesitaba hacer. Si, exactamente hablo de McDonald. Ahora estarán diciendo que eso es comida chatarra, o que no es carne, o que pensaban escribiría sobre un rico bife de carne. Pero no mis amigos, extrañaba mucho este sabor y era necesario darme el gusto.

Al día siguiente partimos a un crucero de dos días y una noche hacia Ha Long Bay, una de las siete maravillas naturales del mundo. Encontrarás miles de locales de venta de boletos y luego de recorrer una cierta cantidad le puedo contar que si buscas algo económico, podrás encontrar el viaje de un día por 30 dólares, la noche por 70 y las dos noches por 150 dólares americanos.

A las ocho de la mañana un ómnibus pasa por ti y te lleva hacia el puerto ubicado a cuatro horas de viaje. En el camino frena en un lugar de arte. Estatuas de mármol e imágenes tejidas a mano. Luego al llegar al puerto, una pequeña barcaza te conecta con los cientos de pequeños cruceros que esperan pacientemente en el mar. Era mi primera vez en uno, así que todo sería nuevo.

Al adentrarnos, nos dirigirnos al comedor, donde nos contaron sobre el plan de estos días y repartieron las llaves de las habitaciones. Habitaciones cómodas con baño privado y agua caliente. Luego almorzamos varios tipos de carnes y verduras. En especial comida de mar, variedad de pescados y almejas. De allí partimos hacia las islas de Ha Long Bay, entrando en una enorme y magnifica cueva con estalactitas y estalagmitas. Lo que me llamo la atención fue lo grande de la misma, nunca había estado en una de tal magnitud. Continuamos hacia otra isla con playa y un gran mirador y volvimos al crucero para bañarnos y comenzar la fiesta.

Bueno eramos 5 los jovenes en el crucero, así que de fiesta no hubo mucho, pero si cerveza gratis por una hora. Allí conocí a Son, un joven músico de Myanmar junto a su novia francesa. Él había sido monje durante unos meses y eso dio para hablar durante horas.

¿Cuántos Budas existen?¿Era Buda gordo?¿Quién mide el karma?¿Cuál es el significado de la vida? Allí pude entender que el budismo es una gran historia mística y que no existe una verdad absoluta. Cada uno tiene su interpretación y es por eso que pueden haber 1,2,3 y hasta 6 budas.

Por otro lado teníamos a Mahbub, un empresario de Bangladesh cuyo concepto de Israel era muy cerrado y radical. En los días que pasamos juntos no tuvimos ningún problema, aunque si vi que el odio en el mundo es provocado por una gran mentira en las comunicaciones. Entre algunas cosas, me enseño un artículo reciente de la cadena CNN donde hablaba que el servicio de inteligencia de Israel (Mossad) estaba reclutando judíos ultra ortodoxos. Ahora, si algo nunca vamos a saber es lo que pasa dentro de ese servicio de inteligencia, ni la CNN, ni Trump, ni Putin ni nadie. O que ese grupo de judíos ultra ortodoxos no cree en el Estado de Israel, pero ese no es el punto. Sino que toda esa información no aporta más que odio. Lo cómico fue cuando me enteré por Sabrina que Mahbub le dijo que pensaba que yo seguía trabajando para el ejército de Israel como un espía. ¿Quién sabe? Quizás lo sea.

De vuelta a la capital para disfrutar la noche y la feria nocturna, un lugar donde la música, el olor a comida, el alcohol y la shisha se muestran con toda su fuerza. Lo que me pareció cómico y extraño al mismo tiempo fue cuando estábamos tomando unas cervezas en un bar y de la nada todos los negocios comienzan a meter las mesas y sillas para adentro. Hasta la puerta principal la cerraron con traba. La policía había llegado. Así que como no quieren perder dinero y como es ilegal mantener estos lugares abiertos después de las 12, disimulan que el local esta cerrado. Pero cuando la policía empieza a indagar un poco más, entonces un dinero en su mano lo arregla todo.

Desde antes que comenzara mi viaje por el sudeste asiático, sabía que me encontraría con mucha comida exótica. Frutas, verduras, animales, bichos y mucho picante. Tenía anotado en mi agenda que comer en cada lugar, sin miedo a probar lo que sea. Recuerdo que en Myanmar había comenzado con ese desafió y había probado gusanos y saltamontes, pero había un animal en especial que me llamaba la atención y al mismo tiempo me daba un poco de rechazo.

Resulta que en Vietnam era tradición comer carne de perro al final de mes o de año en señal de fortuna y de buena suerte. Luego en tiempos de guerra, cuando la pobreza se hizo más notoria y no había que comer, comenzaron a alimentarse con ratas, sapos y con perros. Esa costumbre se convirtió en plato tradicional, en especial en la zona del norte donde el frío es más fuerte. No todos los vietnamitas comen perro, pero si la mitad come o probó alguna vez. Estadísticamente hablando, el país consume un promedio de 5 millones de perros al año. Es un animal que aporta muchas proteínas y dicen que su carne de deliciosa.

Entonces me encontraba allí, frente al cadáver cocinado de varios perros. Mi estomago se había cerrado y mi cabeza no sabía que pensar. Soy amante de los animales, pero a su vez soy carnívoro. Como vaca, chancho y gallina habitualmente y si me preguntan, el perro es un animal. Nosotros adoptamos al perro como animal doméstico y nos olvidamos del resto. Pero así como criticamos la idea de comer carne de perro esta mal, que queda para los otros animales que consumimos día a día. Sabía que no era algo que comería todos los días, tan solo quería probarlo.

Al llegar al mercado donde unos locales me habían dicho que habría perros, me encontré con tres puestos con varios cuerpos de perro ya cocinados. Vi el cuerpo, pero más que nada me concentré en la cabeza y el rostro quemado del animal. Los comerciantes no se pusieron amigables cuando comencé a sacar fotos y a documentar el hecho, sino que el primer puesto me trato de forma muy denigrante.

Pague unos dos dólares por unos trozos de carne y de algo que parecía una morcilla (sangre coagulada) de perro y me aleje a un lugar más tranquilo. Estaba en shock, pero era hora. Tome el primer pedazo y comencé a masticar. Sabía a vaca, más que nada a la lengua de la vaca. La morcilla era demasiado salada. Comí unos pedacitos y nada más, ya que de cierta forma tenía la imagen del perro cocinado en mi cabeza. Dentro de todo, estaba comiendo un animal y nada más.

Hasta llegar a mi lugar de interés en Vietnam (Ho Chi Minh) pase por dos ciudades en el medio: Dalat y Hoi an. La ciudad de Dalat no es muy interesante en sí, pero la periferia es súper interesante. Cuenta con muchas plantaciones de frutilla con la opción de pagar un ticket y cosechar tus propias frutillas, un gran y majestuosos lago con lindos paisajes, donde podrás pasar unas horas disfrutando la vista con un café vietnamita o alguno de los jugos naturales y montañas con cascadas.

Hoi an (un nombre que siempre me lo confundo con Hanoi) es un pequeño pueblo con un poco mas de 150 mil habitantes. La ciudad vieja junto a la noche es súper colorida y llamativa. Allí me reencontré con Ben, mi viejo amigo belga con quien había compartido mi viaje por Nepal y el Noreste de la India. La noche juntos fue súper divertida. Pasamos por la feria nocturna con todos sus colores y terminamos en una de los tantos rooftop brindando con unos cuantos cócteles. Por último fuimos a un restaurante frente al río, donde fuimos los fans número uno de un grupo filipino que estaba tocando en vivo. Hasta me dedicaron una canción en español a petición mía.
La ciudad también cuenta con playa, ubicada a unos 6 kilómetros del centro y que podrás llegar fácilmente rentando una bicicleta en tu hostal. Puedes consumir una sola bebida para quedarte en una reposera con sombrilla todo el día.

Ho Chi Minh fue un líder revolucionario quien vió en el comunismo el camino para liberar a Vietnam de los más de cien años de dominación francesa. Luego de ser cocinero en un barco que recorrió Asia, África y Europa, Ho llegó a París donde vivió por varios años. Posteriormente se traslado a Moscú donde se empapo de las doctrinas de Marx y Lenin. Poco a poco se convence que el comunismo era ideal para la independencia de su país. Al llegar se tuvo que enfrentar a los japoneses y no a los franceses que habían perdido la colonia en la Segunda Guerra Mundial. Luego tuvo que luchar contra los franceses que volvieron para recuperar el territorio y así lograr la independencia en 1954.
Pero Vietnam había quedado divida en dos, el norte comunista y el sur no comunista respaldado por Estados Unidos que combatía el comunismo en el mundo. Eso desemboco en una larga guerra, en la cual Estados Unidos lanzo mas de 7 millones de toneladas de bombas y napalm. Se calcula que unas 5 millones de personas murieron en esta guerra. Pero si algo cambio el ritmo a favor del norte fueron los famosos túneles construidos para refugiarse y camuflarse de los soldados americanos. Eso fue lo que les dio la victoria a los comunistas en 1975. Ho Chi Minh murió de un ataque al corazón antes de terminar la guerra pero en su honor la ciudad de Saigon fue renombrada con su nombre en el mismo año que terminó la guerra.

Luego de la guerra, Vietnam comenzó a progresar lentamente y eso no fue gracias al comunismo. Dejemos en claro algo, de los cinco países comunista en el mundo (Laos, Vietnam, China, Corea del Norte y Cuba) hay solo dos que pueden de alguna forma llamarse comunistas que son Corea del Norte y Cuba. Auto nombrarse comunistas es fácil, pero hay una ideología que seguir. En el comunismo no puede haber propiedad privada ni algo que tenga que ver con el capitalismo. Aquí los McDonald, Burger King, marcas de auto como Ferrari, Coca Cola y cada una de las marcas que impulsa el capitalismo se ven en cada cuadra de cada ciudad.
El partido comunista no permite la libertad política y controla el país desde su independencia, pero no por colocar las millones de banderas y propaganda comunista en el país hace a Vietnam comunista.
La constitución del país establece que todos los poderes de Estado pertenecen al pueblo y que el partido comunista es la fuerza que dirige el Estado y la sociedad, aunque la sociedad por lo que entiendo (luego de varias discusiones) no entiende la diferencia entre el socialismo y el comunismo.
Yo creo que este país dejó de ser comunista hace varios años y paso a ser un socialismo de libre mercado, algo que si es aceptado en esta ideología. El poder sigue siendo del pueblo, pero el poder del capitalismo entro a Vietnam hace años y la sociedad lo acepto como parte de la misma.

Reflexion

Introduciéndonos al budismo, la tercera religión predominante en el sudeste asiático nos encontramos con la cuestión del karma. En definición si haces buenas acciones recibirás cosas buenas y si eres malo, cosas malas te pasarán. La cuestión que quiero discutir es que si el budismo es una religión no-teísta, entonces ¿quién mide el karma? ¿Quién dice lo que está bien y lo que está mal?

La discusión comenzó en un pequeño barco en el norte de Vietnam con un joven monje birmano retirado. La pregunta que le había hecho fue: ¿Cuántos Budas existen o existieron? Él me hizo entender que el budismo es una religión basada en cuentos que se transmitieron por varias generaciones, es por eso que algunos dicen que Buda es uno solo, otros dicen que tres y otros seis. Esa misma pregunta la había planteado a budistas en India, Nepal, Myanmar y Laos. Siempre conceptos distintos aunque no contradictorios. Siempre basándose en la misma doctrina, siempre por el mismo camino espiritual.

Volviendo a mi principal planteamiento, ¿Cómo medimos el karma? Se había generado una gran discusión luego que el joven birmano y un hombre de la India habían coincidido en lo mismo: el karma se mide con las reglas de la sociedad.

Mi padre una vez me dijo que si dos personas opinaban igual que vos, tú debes opinar diferente y atacar la idea como si estuvieras de acuerdo. Así que comencé con mi nueva cuestión.

Hay violadores, hombres que matan y secuestran. Hay personas que les gusta ver el sufrimiento ajeno. No todos pero muchos de ellos piensan que está bien lo que hacen, mientras que nosotros los vemos cómo personas con trastornos psicológicos. Entonces ¿Su karma es bueno o malo? ¿Quiénes somos nosotros para decir que está bien o que está mal? ¿Y si quienes están locos somos nosotros?

El budismo habla del "bien y mal" a través del karma, que es personal. También menciona que el karma es una ley para explicar un mecanismo en el que está ausente un ser consciente que juzgue. ¿Pero cuál?

Hay actualmente unas 6 mil millones de personas en este mundo, 6 mil millones de cabezas y pensamientos diferentes. Opinar lo que la mayoría piensa es lo más lógico pero no es justo para el resto.

CAMBODIA

Llegué a Cambodia, un país del cual no se absolutamente nada, tan solo de unos hermanos que tomaron el control y mataron millones de personas, pero de eso hablare más adelante.
Pasar la frontera fue fácil, tan solo hay que abonar unos 35 dólares de la visa y listo. Lo que no entiendo es porque la seguridad y funcionarios en todos los puestos fronterizos (sean aéreos, marinos o terrestres) tienen cara de traste. Te miran como si fueras sospechoso de algo y más que nada no te dan una buena primera impresión al entrar a un país.

Estaba sentado yo, junto a una inglesa en un restaurante a pocos metros luego de pasar la frontera, cuando la segunda impresión de Cambodia se oscureció más. Es cierto, estábamos ocupando una mesa y no habíamos consumido nada, y es verdad que seguramente nadie allí hablara inglés, pero las señas y el rostro que el dueño nos puso fue de muy mal gusto. ¿No existe eso de poner una linda cara y explicar con pocas señas que estamos ocupando una mesa y que es menos dinero para él?
Bueno horas más tarde había llegado a Phnom Phen y comencé a caminar hacia el hostal ubicado sobre el río. Mucha basura en la calle, rostros fruncidos y un tránsito espantoso.

Pasada la guerra de Vietnam, donde el comunismo había golpeado a los americanos, había en Cambodia (en su mayoría en Phnom Phen) una gran cantidad de refugiados que se habían escapado de la guerra sin pensar que los problemas aún asechaban la zona.
Durante 1975 hasta 1979, Cambodia fue dominada por los Jemeres Rojos, cuyo objetivo era implementar el comunismo y para eso se debía empezar de cero. Tomando las ideas del nazismo en la Segunda Guerra Mundial sobre la pureza, este régimen golpeo con mano dura a cada uno de los camboyanos.
El 19 de abril de 1975, el ejército entra en la capital y expulsa a todos los habitantes hacia el campo. En ese entonces había una población estimada de 3 millones de habitantes. Para ellos todos eran posibles enemigos del Estado, mismo el simple hecho de usar anteojos te convertía en un intelectual y eso debía ser sancionado. Se construyeron cárceles y lugares de tortura por todo el territorio. Seis meses después de controlar la capital construyeron el S21, un lugar secreto de tortura. Por allí pasaron entre 12 mil y 20 mil prisioneros. No se sabía mucho lo que pasaba allí dentro pero la gente la mencionaba como *"el lugar donde la gente entra pero no sale".*
Los prisioneros llegaban con los ojos vendados y eran torturados por semanas y hasta meses. Cuando recibían lo que querían escuchar, los mataban. Nadie se salvaba de este lugar.
El lugar fue un instituto de enseñanza secundaria y los edificios fueron utilizados como centro de torturas. El edificio A, era para figuras más importantes. Los cuartos eran separados. Uno por prisionero. Una cama con una cadena y una vasija para hacer las necesidades. Allí eran torturados y mutilados. Los obligaban a escribir confesiones, y cuando no les gustaba, las rompían y los volvían a torturar.

La cárcel tenia varias leyes, entre ellas, algunas me llamaron la atención:

> **Regla N°1: Debes responder a mis preguntas.**
> **Regla N°6: Cuando se te azote o electrocute no puedes gritar.**
> **Regla N°10: Si desobedeces alguna de estas reglas recibirás 10 azotes o 5 descargas eléctricas.**

Liderados por el dictador Pol Pot, quien mantuvo el control de Cambodia, sometiéndolos a trabajos forzados, deteniendo a todos los sospechosos. Interrogando y torturando. Un asesinato en masa bajo la consigna *"búsqueda del enemigo interno"*.
Su régimen duro 3 años, 8 meses y 20 días y asesino a unas 3 millones de personas.
La idea de purificar Cambodia se volvió un espantoso genocidio.
Uno de los torturados confesó que cuando obtenían lo que querían los mataban. Nadie podía quedar vivo. A la hierba mala hay que arrancarla desde la raíz, siempre que asesinaban a alguien, luego mataban a su familia, para que nadie pudiese vengarse.
En el último período del régimen solo quedaba la cuarta parte del Ankar. Se acusaban y mataban entre ellos mismos.
Cuando el régimen terminó solo habían 400 mil habitantes en Phnom Phen.

> "Mejor matar a un inocente por error que dejar a un enemigo con vida"
> PolPot.

Hace ya varios días que se viene hablando de un nuevo coronavirus. Se detectó por primera vez en diciembre de 2019 en la ciudad centro-oriental china de Wuhan, capital de la provincia de Hubei, con unos 11 millones de habitantes. Los síntomas descritos para la neumonía de Wuhan provocada por el nuevo coronavirus son fiebre y fatiga, acompañados de tos seca y, en muchos casos, de disnea (dificultad para respirar). Entre los consejos divulgados por los medios estatales chinos y la OMS están el uso de mascarillas, usar pañuelos para cubrirse la nariz y la boca cuando se tose o se estornuda, lavarse las manos de manera frecuente, evitar las aglomeraciones, y acudir al médico tan pronto como se identifiquen los síntomas.
El presidente de China, Xi Jinping, ha comparado el coronavirus con "el diablo", indicando que la tarea más urgente del país en estos momentos es combatir el brote.
Las autoridades chinas actualizaron los números del coronavirus al día de hoy (28/01/2020), con 132 muertos en todo el país y más de 6000 infectados. Desde ahora tendré que tener más cuidado con el contacto entre personas y usar la mascarilla lo máximo posible. El resto es cuestión de suerte.

Continuando con mi experiencia a lo largo de Cambodia debo decir que no he incorporado nada que valga la pena. No creo que el rey tenga claro lo que pasa en su país. Ciudad tras ciudad, calle tras calle, todo hecho un desastre. La mugre y la pobreza resalta en cada lugar y poca o nula educación de los habitantes. Por un lado, es como vivir en la época de los reyes, con división de castas y poderes, pero el pueblo siempre pobre y sin educación. Por otro lado veo el sufrimiento que paso este país hace tan solo 40 años atrás, pero eso no explica porque la agresividad y la cara estirada. ¿Será que ser cordial y educado esta mal por aquí? Pues en el período que he estado en este país he recibido un gran rechazo.

He pasado dos semanas con dolores muy fuertes de cabeza y mareo, hasta tuve que frenar la moto en un momento del camino ya que no lo veía recto, una imagen distorsionada. Había dejado pasar unos días, pero el dolor continuaba. Así que decidí visitar a un doctor, algo poco usual en mi vida. Llegué a un pequeño hospital en el pueblo de Kep, a 20 kilómetros de Kampot y esperé pacientemente a que llegara el médico. Déjenme contarles sobre el consultorio del médico. Estaba afuera, literalmente afuera del hospital, al aire libre. Una mesa con equipo médico muy antiguo y oxidado y unas 20 sillas frente al mismo para que la gente llegue y se siente a esperar su turno. Como era el primero no tardo mucho en atenderme. Le conté mis síntomas, me tomó la presión y la fiebre y me dijo que tomara paracetamol tres veces al día y que descansara. En fin no tenía una respuesta y me mando a la cama.
Días más tarde el dolor no cedía así que decidí visitar nuevamente a un doctor en Kampot. Al entrar al hospital me dirigí hacia la única persona que atendía el lugar: el farmacéutico. Le pregunto para ver a un doctor y me dice que me siente en la silla a esperar. Bueno bueno, ahora que lo estoy escribiendo parece normal, era necesario estar frente a ese hombre con cara de pocos amigos y con una voz soberbia que me siente allí. Allí no había nadie, y la puerta estaba cerrada con tranca. Así que decidí preguntar a otra mujer y me

dice que debo sacar un turno en una ventanilla frente a mi. "Pues aquí no hay nadie, parece que hoy nadie quiere trabajar".

El médico llegó y entre directamente sin esperar. Le conté nuevamente los síntomas y el tiempo que llevo así. Sin tomarme la presión, ni la fiebre o algo parecido, me dijo que no sabía que tenía: "Usted es doctor, no yo". Yo no se como estas personas consiguen un título como doctor en este país, pero parece que cualquier boludo que se presenta le dan el diploma sin preguntar nada.

Ya habían pasado dos semanas así, esto debía frenar, así que sin ayuda de médicos y con tan solo mi ser y una computadora, comencé a investigar los síntomas y tipos de medicamentos que podrían ayudarme a pasar estos dolores. Recurrí a un antibiótico para cualquier tipo de bacteria en el sistema respiratorio, un spray a base de agua y sal para limpiar las vías y por último y más fuerte, un opioide. Para los que no sepan, los opioides actúan sobre las células nerviosas y es a base de opio. El opio es legal en este país y se puede conseguir fácilmente en una farmacia. Es una droga muy fuerte y puede provocar dependencia del mismo. Por unos días, me sentí ido, fuera de este mundo, se me hacia difícil entablar conversaciones pero la verdad que con los dolores que tenía era lo último que quería hacer. Pasados tres días, comencé a sentir algunos síntomas negativos aunque el dolor de cabeza se había ido. Luego de descansar el cuerpo por unos días sin ningún otro medicamento, volví a nacer.

Recuerdo una anécdota sobre el ómnibus que me llevo a Siem Reap, el último destino en Cambodia. Había sacado un pasaje nocturno ya que se supone serían diez horas de viaje. Cuando el ómnibus llegó, el conductor tiro nuestros bolsos para dentro sin importar si había algo que se pudiese romper. Al subir intente ubicar mi cama, ya que habían diferentes números y letras en cada cama. El ayudante del conductor que recién se levantaba de una siesta, me mira y sale del ómnibus sin responder. Cuando vuelve a entrar, le vuelvo a preguntar y asiente con la cabeza. Entonces le muestro que no tengo cobija ni almohada. En eso agarra la cobija de otra cama y la almohada que estaba usando él. Ya una falta de respeto, pero como estaba con los dolores solo quería dormir. Se suponía que el ómnibus contaba con Wifi (aunque nunca funciona) y una botella de agua que nunca se nos proporciono. 40 kilómetros más tarde una pareja joven con su bebe durmiendo se despiertan y preguntan cuanto falta para Kampot, a lo que el hombre le responde que ya pasaron la ciudad. El ómnibus se detuvo y pasaron una hora discutiendo. Entendamos, el ayudante del chofer se había dormido, no aviso nada y no querían tomar responsabilidad. El hombre llamo a la compañía y la compañía no autorizaba volver a Kampot, aunque todo el ómnibus los apoyaba. Los terminaron dejando en el siguiente Guest House. Este egoísmo de los camboyanos lo vi en cada rincón del país y es algo que no me agrado ni un poco. No he encontrado aquí nada, pero absolutamente nada que me llamara la atención. Es más, el único sitio que tenía planeado ir era Angkor, las ruinas de lo que fue el imperio Jemer durante el siglo IX y XV, pero harto de ver templos y con pocas ganas de pagar 40 dólares por un día para ver este lugar he decidido cancelarlo. Aparte lo único que verás sin un guía son las ruinas de templos y miles de personas sacando fotos.

Me quedaban dos días en Siem Reap y algo tenía que hacer. Ya había descartado el templo de Angkor por razones personales, había caminado por las calles, el centro y los mercados. Ya había visitado los parques y cada rincón a unos kilómetros a la redonda. Entonces encontré un lugar que me llamó mucho la atención.

Ubicado a unos 6 kilómetros de la ciudad se encuentra una granja de cocodrilos. Para los que no saben que es este lugar, la respuesta es muy sencilla. Crían cocodrilos y cuando llegan a un tamaño adecuado los matan para usar su piel en indumentaria y accesorios de lujo. Este tema así como cuando comí la carne de perro, no era tan fácil de procesar. Pero hay que entender que la mayoría en este mundo hace uso de ropa o productos con maltrato animal. Mismo la leche de la vaca tiene un proceso en el que mantienen a la vaca siempre preñada y que nunca conoce a sus criás.

Alquile una bicicleta y directo a la granja. Al llegar debía pagar la entrada, que según todas las paginas de la Web salía 1 USD pero el papel ya impreso decía 3, bueno, nada que no se negocie. Todo dinero es ingreso para ellos.

El olor a podrido que había en el lugar era espantoso. No lleve la cuenta de cuantos cocodrilos había allí, pero lo que si pude notar fue el poco espacio que tenían, unos encima de los otros. El agua de los estanques estaba de color verde y el calor era insoportable. Algunos de ellos tenían señales de lucha.

Después de que pasa 75 días del período de incubación, algún alma valiente espera a que mamá cocodrilo se sumerja en el agua para tomar su huevos y colocarlos en un área sombreada y esperar a que los huevos se abran. Un cocodrilo puede producir hasta unos 40 huevos al año.

Una hembra de cocodrilo puede salir unos 400 USD, mientras que algunos de los accesorios que venden con parte de su piel, como por ejemplo bolsos de mujer puede salir hasta 2000 USD. Y cuando se habla de desperdicio, aquí nada se desperdicia. Mismo la piel de las patas se usa para cosas más pequeñas como llaveros, los dientes como colgantes o collares y la carne como alimento.

Hablando de eso, era un animal que lo tenía en la lista. La verdad estaba en la lista de comidas exóticas de Australia. Así que busque algún restaurante donde vendieran carne de cocodrilo y por suerte encontré uno en el centro de Siem Reap. Estaba ya cocinado y venía con cebolla salteada y arroz.

En eso aprovecho el momento para contar de otros animales e insectos que estuve probando desde el principio pero que no había hecho algún tipo de comentario.

ANIMAL	SABOR	TEXTURA
GRILLO	ACEITE QUEMADO	DURA Y CRUJIENTE
GUSANO	PAPA	PURE
PERRO	LENGUA DE VACA	FIBROSO
CANGREJO	KANIKAMA	SUAVE
RANA	POLLO	FIRME Y SUAVE
CALAMAR SECO	MAR	CHICLE, GOMOSO
ARAÑA	CARNE ROSTIZADA	CRUJIENTE Y BLANDO
COCODRILO	PESCADO	FIBROSO PERO SUAVE
ESCORPIÓN	ACEITE QUEMADO	CROCANTE
SERPIENTE	?	?

TAILANDIA

Nunca entendí porque siempre me pongo nervioso cuando paso una frontera. Nunca entendí porque siempre la seguridad y los funcionarios del lugar tienen las caras más feas del mundo. Nunca entendí porque te miran como a un terrorista y sin una sonrisa. ¿Quieren darte la bienvenida o no? Toman tu pasaporte y muestran una superioridad inexistente. Bueno quizás tengan el derecho de decisión de permitirte el acceso o no al país, pero eso no les permite pensar que tienen algún tipo de poder superior en esta vida, es más, con la poca educación que tienen los convierte en personajes de la historia.

Los primeros días en Tailandia los dedique a la inmensa ciudad de Bangkok, un lugar que me llamaba la atención por películas y relatos del lugar. Pero todo se vino abajo desde el primer día. El tailandés, por lo visto, no tiene mucha paciencia con el turista. Ni una sonrisa o una palabra en inglés. Nadie que tenga ganas de dialogar. Cada taxi y tuk tuk que tome en estos días se convirtió en una futura estafa y una fuente de malas energías pero solamente hacia nosotros, como turistas (blancos en general).

Por unos días me quedé en el apartamento de Silvia y su novio, la española que conocí en Delhi y que mantuvimos contacto luego. Era muy tarde cuando llegué y fui directo a su casa, tomamos una cerveza y nos fuimos a dormir. Al día siguiente comencé a conocer cada rincón de esta gigantesca ciudad. La verdad que no se parece para nada a lo que uno se imagina. Ni siquiera un poquito a lo que se ve en las películas. Cogimos un ferry que nos llevó al primer punto y así comencé el recorrido. Bangkok es la ciudad de los wats, templos budistas, y de las ferias nocturnas. Cada barrio tiene varias de las dos.

Hoy es 8 de febrero, se cumplirían 9 meses, hace 2500 años desde que Buda logró la iluminación y por eso habían diferentes cosas en los wat. En el primero de ellos nos regalaron una comida típica tailandesa que es el sticky rice mango y una botella de agua. En el segundo habían varios budistas laicos que contaban un poco sobre la vida de Buda, del karma y de lo mal visto que era la imagen de Buda en tatuajes, sábanas, remeras, etc. Yo había comenzado una conversación con una chica que hablaba inglés pero luego volvimos una hora más tarde ya que había un chico que lo explicaba en español y sería más fácil transmitir las ideas en mi idioma.

A la noche fuimos a la calle Khaosan, un lugar donde los bares, la comida y lo exótico se juntan para que el turista tenga una noche muy loca. Allí me reencontré con Coco, una chica francesa que conocí en Colcata (India) y con quién quería continuar viajando juntos, pero su idea de viajar a Bangladesh la tenía bien cerrada y la separación de un mes hizo muy difícil que nos volviéramos a encontrar. Pero nada es imposible. Aquí estamos juntos y con la idea de viajar por lo menos un mes en Tailandia.
En el mercado probamos juntos el escorpión, pero sinceramente tenía gusto únicamente al aceite que usaron para freírlo y la piel no es algo que sea agradable.

Al día siguiente teníamos la loca idea de colarnos en un hotel cinco estrellas, subir hacia el último piso y entrar a la piscina con la majestuosa imagen de la ciudad. La primera prueba no fue positiva, aunque no recibimos una puteada por hacerlo. Ya la segunda, entramos convencidos de que nos alojábamos allí y nadie se inmutó. Allí me encontraba yo, dentro de una piscina en la azotea de un hotel cinco estrellas con un caipiroska en mi mano derecha y un paisaje nocturno de toda la ciudad de Bangkok. Nadie se dió cuenta ni un segundo y hasta nos dieron toallas para secarnos.

Por último comentar una situación que colmo mi paciencia. Estábamos paseando y entramos a un negocio de ropa. Siempre preguntando de ante mano si se podía probar. Al no gustarle la prenda o al querer tomarse un tiempo para pensar, la vendedora responde inmediatamente: "¿para qué te lo pruebas si no lo vas a comprar?". Así una y otra vez. Ya entiendo que de negocios no saben un comino, pero lo que si saben es como estafarte sin que te percates.
Habíamos entrando en un negocio a probar unas prendas. A la hora de pagar Coco le da un billete de 1000 baths y veo que le devuelven muy mal el cambio. Enseguida le dije a ella, pero ya era un poco tarde y había guardado el dinero en la cartera. Cuando saco el dinero, noto lo mismo y le informamos al trabajador que nos dio el cambio. Enseguida teníamos a los 5 trabajadores encima nuestro, presionándonos para que nos fuéramos. Luego dijeron de llamar a la policía, la misma que minutos atrás vi cuando le daban unos billetes en la mano disimuladamente. La policía es mafia y con la mafia no te metes, al menos que quieras más problemas.

Era hora de largarme de este lugar. Ya habíamos hecho algunos planes con Coco y el siguiente destino sería Phuket a unos 900 kilómetros de distancia. Ella tuvo la loca idea de llegar haciendo auto-stop, algo que no es para nada común en Tailandia. Eran las 10 de la mañana cuando comenzamos la loca travesía. Caminamos como una hora hasta una ruta principal pero no teníamos ningún éxito, así que nos tomamos un ómnibus local por unos centavos para que nos sacará de la capital. Luego un auto nos alcanzó unos kilómetros más y después un camión. El mismo nos había dejado en el medio de la autopista, lo cual dificultó conseguir algo. Pero un auto freno y nos alcanzó hasta una estación de servicio y nos ayudó a buscar al siguiente auto que nos alcanzaría por unos 600 kilómetros más. Su nombre era Em, y aunque no hablaba mucho inglés, nos contó de su familia, su vida y nos invitó KFC para cenar.

Pasamos la noche en un hotel y continuamos camino al día siguiente. Aún nos faltaban unos 250 kilómetros para llegar a nuestro destino. Lentamente auto tras auto (un total de 8) fuimos recorriendo la ruta hasta llegar. ¡Lo hicimos, llegamos a Phuket!

El auto-stop es la forma más barata de moverse. La idea es frenar a alguien que vaya por el mismo camino y que te alcance gratis. Es importante recalcárles "No money" ya que sino luego te pedirán algo. Si viajas solo y con equipaje de mano es mejor.

Puedes hacer algún cartel con la palabra del lugar donde te diriges y mejor si es en su idioma. Ahora los mejores puntos para hacer autoestop es en la salida de las estaciones de servicio ya que van a baja velocidad y sabes que por lo menos harán unos kilómetros por el mismo camino. Si estás en ciudades muy grandes es mejor usar algún transporte barato para salir de allí y que nunca te paren en algún lugar donde los autos no puedan detenerse con facilidad. Sonríe y hazlo de verdad.

Hablando de Phuket, es una ciudad-isla muy grande, puedes quedarte en diferentes zonas, desde el antiguo pueblo (más silencioso) o en Patong, un lugar donde las fiestas nocturnas y las prostitutas son la atracción principal. Pero es verdad que las personas en esta zona de Tailandia son más gentiles, muestran una sonrisa y mucha amabilidad. Aprovechamos estos días para hacer… no hacer nada. Conocer playas, comer, descansar, alguna fiesta que otra y para conocernos más. La compañía de Coco es un placer. Me hace pensar mucho en la vida y los desafíos que se nos pone. Lo difícil que a veces es, pero de la fuerza humana que tenemos en solucionar los problemas y en seguir adelante. Eso es algo lindo que tenemos con ella, sus historias me inspiran y a su vez, intento mostrarle a donde puede llegar con esa fuerza.

Las conexiones humanas a veces pueden ser muy extrañas. Es tan raro, a veces nos pasamos con alguien años, compartiendo amor, sentimientos y vida. Lentamente se va formando una conexión. Pero a veces encontramos a extraños y logramos conectar con ellos en tan solo unos días. ¿Qué nos conecta?¿Que diferencia al amor de una vida con un extraño?

Cambiando de tema, algo que me llamo mucho la atención en Tailandia fue la imagen del Rey. Lo bueno es que nadie sabe que estoy escribiendo de él en este momento porque tendría muchos problemas y hasta que estas notas terminen ya estaré fuera del territorio.

La política de Tailandia tiene lugar dentro del marco de una monarquía constitucional democrática, donde el Primer Ministro es el jefe de Gobierno y un monarca hereditario es el jefe de Estado. El poder judicial es independiente de las ramas ejecutiva y legislativa.

"Desde 1932, Tailandia es una monarquía constitucional bajo el sistema democrático parlamentario" ¡MENTIRA! Tailandia es más una dictadura que una democracia, hasta la fecha han tenido 16 golpes de Estado; el pueblo no tiene derecho a hablar. Hay más policías y militares en la calle que coffe-shop en Amsterdam. Viven con miedo.

La imagen del rey esta en todos lados, calles, ríos, negocios y hoteles. Cada rincón del país con la imagen seria de aquel hombre orejudo que se paso su vida en fiestas europeas y con cuantas prostituta paso frente a él. Cuando llego el momento, cuando su padre murió, recibió la corona, pero paso unos años más hasta que volvió a Tailandia a tomar el poder.

Los escándalos sexuales lo rodean. Se ha casado y divorciado varias veces. Por último mando quitar todos los títulos a su esposa y se volvió a casar con una ex azafata de la aerolínea Thai Airways. Cada esposa fue acusada de diferentes cosas, absurdas en muchos casos. Los hijos también quedaron fuera de la realeza, luego que Maha les quitara el título de príncipes. Un mujeriego total y un hombre que pondría en *jaque mate* al país por una aventura más en la cama.

Esto es algo que marcará demasiado la historia de Tailandia, que más allá que nunca tuvieron la real decisión de elegir a sus gobernantes o decir lo que realmente quieren, fueron tratados de la mejor manera durante el mandato de su padre, el rey Bhumibol que gobierno durante 70 años hasta su muerte en el año 2016.

Estas son mis notas hacia el presente rey de Tailandia: sé que nunca más podré entrar a este país por miedo de que me pase algo malo. Pero me será suficiente los 40 días que aquí estaré y jamas dejaré de hablar. El silencio no es más que un miedo oculto que no ayuda al progreso. Si creemos que somos libres entonces hablemos hasta que sangren los oídos.

Los siguientes días la pasamos recorriendo islas. Por lo general se parecen mucho y el turismo es muy visible por aquí. Hasta podría decir que hay más turistas que locales. Los lugares están construidos justamente para eso. Se habla más inglés que tai y más hostales que domicilios privados. Si lo que buscas son fiestas, playa y descontrol, pues seguramente este es tu lugar. Ahora si buscas más silencio te deseo mucha suerte porque de seguro no podrás dormir bien por la música fuerte toda la noche.

Es impresionante como el hombre de ciudad y el hombre de periferia tienen muy distinto carácter. No se a que se debe, pero lo veo en cada lugar que voy. El hombre de ciudad es más cerrado, terco e impaciente, mientras que el hombre de periferia se muestra más gentil, con una sonrisa y con ganas de ayudar.

Un día, a la noche, caminabamos por la orilla del mar, cuando comenzamos a discutir a cerca del feminismo. No era nada nuevo; con Coco hablabamos de eso casi todos los días. Una palabra que no se había oído hablar mucho, hasta hace unos años, que muchos grupos se levantaron a reclamar por sus derechos. El feminismo es un movimiento social que pide el reconocimiento de capacidades y derechos que han estado reservados por miles de años hacia el hombre. Se han encontrado en los textos chinos "no hubo suerte, era una niña" escritos hacia el 1200 a.C. Tres mil años más tarde las mujeres siguen luchando por sus derechos. Muy injusto.

En muchas sociedad las mujeres fueron propiedades de los hombres, eso significaba que una mujer nunca podía ser violada ya que al ser una propiedad ella sería la culpable de seducir al hombre y no al revés. Violar a una mujer que no pertenecía a un hombre tampoco era una violación, ya que era como encontrar una moneda en la calle, algo que no le pertenece a nadie.

La mujer es quien trae hijos al mundo y eso también la convirtió en un ser inferior. Ella debía cuidar de sus hijos mientras que el hombre debía traer el alimento al hogar y proteger a su familia de cualquier amenaza. Pero no era al revés. El hombre nunca cuidaría de su hijo y de ser hija quizás nunca tendrían mucho de que hablar.

Pero si tanto hablamos que las mujeres tienen más instintos, que logran realizar múltiples actividades al mismo tiempo, tienen más disposición a involucrarse socialmente, entonces ellas debían llevar el mando en las grandes legiones, participar en la política y el liderazgo pero no, el hecho de ser mujer les prohibía todas esas actividades.

Esas practicas culturales y sociales quedaron tan incorporadas en la historia que el simple hecho de aceptar los derechos y del respeto hacia la mujer hacen este cambio algo muy lento y difícil. En la India nacer mujer en el siglo XXI sigue siendo mala fortuna, en todas las religiones siempre colocan a la mujer por debajo del hombre (aunque siempre intentan negar eso), mismo en cualquier parte del mundo la mujer es agredida verbalmente, psicológicamente y físicamente.

El hombre siempre vio a la mujer como algo y no como alguien. Él siempre pudo hacer lo que le de la santa gana, pero si una mujer lo hacía ya era un problema.

La India me ayudo mucho a cambiar mi opinión sobre la mujer. Hace poco tiempo hubo una gran manifestación feminista en Chile, donde vi a muchas mujeres mostrar sus pechos. Al principio no lo vi como algo bueno, pero es que yo estaba cegado por la sociedad machista. Las mujeres tienen pechos como nosotros los hombres también. Que los pechos de las mujeres tengan connotaciones sexuales fue algo que fue impuesto por el hombre y nada más que por el hombre.

Recién en 1979 se aprobó en la Asamblea de Naciones Unidas la eliminación de todas las reformas de discriminación hacia la mujer. Esto paso solamente hace 40 años. Algo totalmente reciente. Esta es una lucha por la que todos debemos pelear, porque todos tenemos el derecho de existir, de opinar libremente y de sentirnos seguros.

No se preocupen que de esto seguiré conversando y discutiendo hasta que me separe de ella. Siempre alguna noticia o hecho reactiva la discusión. Me parece interesante tener un planteamiento propio al final de la aventura con ella y poder defender en un futuro estos derechos que ya deberían ser una realidad y no simples ideas en el aire.

Siguiendo con el viaje, estuvimos unos días en Krabi, a la espera de respuestas para poder trabajar unas semanas, pero no conseguimos nada. También un virus me afecto fuertemente dándome fiebre por tres días, pero por suerte tenia a alguien que me cuidara, ya que mi cuerpo ya no reaccionaba como debía. Tanto fue así que hasta un día, tuve que pedirle a ella que condujera la moto.

Seguiamos rumbo sur hacia la frotera con Malasia y nos llamó la atención la presencia de hombres y mujeres musulmanas en el sudeste de Tailandia. Tal parece que una gran inmigración tuvo lugar desde Malasia hace tiempo atrás. Lo extraño es que su lengua es el tailandés y que más allá de sus rezos (5 veces por día) en árabe, no manejan ni una palabra en árabe.

De Krabi nos movimos a dedo hasta llegar a Ko Lanta. Unos 100 kilómetros en 2 tuk tuk, 7 autos y un ferry (ya que es una isla), de esta manera probamos que hasta en lugares donde el auto-stop no es algo normal, una sonrisa y mucha paciencia pueden cambiar las cosas y ahorrarse unos cuantos dólares.

Ko Lanta es una isla muy bonita para descansar. Con sus largas playas de arena de coral y su agua de color azul transparente. Un ambiente de tranquilidad tanto en el día como en la noche.

Reflexión

Quienes tuvieron el privilegio de leer mis primeros libros, entenderán muchas cosas por las que he pasado. Todos tenemos una historia y todos aprendemos de la vida. Cada historia es diferente y cada ser, un mundo es. Gracias a ser escritor tengo el control de poder contar esta historia tal y como deseo.

Luego de haber pasado por dos grandes depresiones en mi vida, mi cuerpo generó una coraza que hasta el momento parece irrompible. Como una autodefensa que me dice "nada te va a lastimar nunca más".

Esta coraza no me permite llorar con facilidad. Es más a veces ni siquiera me permite mostrar mis más puros y lindos sentimientos. Y eso lo detesto. Deseo llorar al final de una película, deseo llorar cuando alguien me lastima, deseo llorar cuando veo hasta donde he llegado.

Y no solo eso; no solo no me permite expresar esos más bellos sentimientos de sentirse humano sino que transforma esas lagrimas en estrés. Un estrés que se acumula en mi espalda hace ya más de diez años.

Sé que no me puedo enojar con mi cuerpo. Sé que él intenta sobreprotegerme a toda costa, pero ¿a que precio?

Unos días después de estar en la isla, pasamos por una playa X donde no había ni un alma, bueno había algún que otro ser sentado en la reposera de su hotel. Entramos al mar y nos quitamos la ropa. Sacarse la ropa y estar desnudo frente a una mujer, un hombre o hacia la vida no es símbolo de sexualidad sino de libertad. Nos sentimos cautivos de nuestros cuerpos al desnudo porque la sociedad nos impuso esa regla. Mismo al momento de hacer el amor y explorar nuestros cuerpos nos causa muchas veces una vergüenza de pies a cabeza, pero ¿por qué?

Los indígenas de muchas tribus andan desnudos por todos lados sin ser juzgados y eso no los hace seres extrovertidos sino que son parte del mundo natural en que vivimos. No es nada extraño o vulgar, es solo nuestro cuerpo y creo que hemos roto cada traba que intentamos colocarle a este tema tan simple.

Recuerdo cuando era niño iba a nadar a un club. Antes y después de entrar en la piscina pasábamos por las duchas, donde no había ni una cortina o pared que separara una ducha de la otra. Siento que esa fue la primera vez que sentí ese extraño sentimiento de vergüenza y temor.

Más adelante, al tener relaciones con mi pareja, volvió a pasar. Los ojos no se desviaban mucho a ver su cuerpo. No solo eso sino que previamente costaba mucho sacarse la ropa y había que apagar la luz. Después del sexo, el tiempo de disfrutar el placer de lo que había pasado era casi inexistente, puesto que lo primero que hacíamos era colocarnos la ropa interior.

En un contexto diferente, cuando tenía 19 años, hice un viaje a Europa. Una de mis paradas fue en la antigua ciudad de Amsterdam, donde una pareja gay me había alojado en su casa. Ellos, con una cabeza muy liberal andaban desnudos en la casa (algo que me habían comentado de ante-mano). La sorpresa que me di cuando Drew me abrio la puerta desnudo, me dejo perplejo, en shock. Unos minutos más tarde (y con la idea de compartir una forma de vida) me saque la ropa en el baño y sali hacia la habitación. Jamás sentí una mirada diferente hacia mi. Jamás sentí una seducción, falta de respeto o abuso. Tan solo eramos tres hombres compartiendo la vida al desnudo.

Pusieron cadenas en nosotros y catalogaron de tabú la cosa más placentera y pura de la vida; nuestros cuerpos y nuestra libertad.

En mi casa me paseo de un lado para el otro desnudo, porque me siento cómodo y sin ninguna atadura. Cuando tengo sexo me gusta disfrutar del cuerpo de la mujer antes y después. Pero jamas había estado desnudo en público y la verdad no me movió ni un pelo. Me sentí a gusto, sin vergüenza y a plena confianza.

Somos el único animal que debe tapar su cuerpo con vestimentas y quienes no lo hagan son catalogados de locos e inconscientes. Por otro lado quienes muestran su cuerpo a la sociedad son arrestados por alterar el orden público y desacato. ¿Pero no esta en nuestros derechos de libertad pasearnos desnudos de un lado para el otro?¿o es que hay trabas en este derecho solamente para confundirnos y que no entendamos que en realidad no somos libres?

Debemos cambiar la idea en que educamos a los niños. El cuerpo humano se creo entre muchas cosas para ser mostrado. El sexo no se hace con ropa. Cuando nos bañamos, no nos bañamos con ropa y la única razón por la cual deberíamos taparnos los genitales es por cuestión de higiene. Eso los niños deberían entenderlo y así no generar un trauma a futuro. Somos quienes somos, y con conciencia y respeto deberíamos ir por allí de la manera que nos de la gana. Para juzgar no hace falta tener ropa o no tenerla, para juzgar solamente debes señalar y de eso ya estamos acostumbrados.

Me ha llegado un mensaje a mi correo electrónico informándome que se ha cancelado mi vuelo desde Taiwan hacia Corea del Sur. Resulta que el coronavirus se ha expandido ya hacia 85 países del mundo. Ha infectado a casi 100 mil personas y ha tomado la vida de 3500. Muchos países han tomado las medidas de seguridad de no dejar entrar personas procedentes de China o que hayan estado en lugares con infección. Por lo general el virus tomo la vida de personas mayores de 75 años o con alguna enfermedad (cáncer, hepatitis, dengue...). Por mi parte volví a comprar otro pasaje con otra compañía con la esperanza de que mi viaje siga su camino y no se cancele por esta pandemia que me tiene sin miedo alguno.

Miles de personas mueren todos los días a causa del hambre, de sed, de enfermedades, violaciones, rapiñas, secuestros y nadie habla demasiado sobre esto o cierran aeropuertos o cancelan vuelos. En el 2009 apareció un virus llamado H1N1 (influenza) que infectó a casi 61 millones de personas y tomo la vida de 13 mil personas. La gripe aviar del 2003, la gripe rusa de 1977, el VIH con más de 25 millones de personas contagiadas y muchos ejemplos más. Pero nada de esto generó tanto alboroto como el coronavirus.

El alcohol en gel y las mascarillas comenzaron a verse y usarse en casi todo el mundo. Es más, en algunas partes del mundo se han acabado. Muchos países tomaron las medidas de seguridad adecuadas para frenar el contagio pero hay algo que me supero.

Como siempre los medios de comunicación intentan vender la noticia, una noticia de nada más que un virus que se torno un odio sin control hacia el asiático. Noticias en todas las redes salen cada día a cerca de hombres y mujeres asiáticos que fueron golpeados o humillados por ser asiático. Claro esta que la poca educación en el mundo transformo un virus que se origino en China en un odio general hacia seres humanos con rasgos asiáticos. Una amiga china que se encuentra en Irán me escribió el otro día que le han gritado en la calle varias veces "vete de mi país con tu virus". ¿Qué tendrá que ver ser chino con un virus que se origino en China?

Pensemoslo de otra forma. Un chino que esta viviendo en París hace más de 15 años es atacado y se le reclama sobre un virus que se origino en China. ¿Qué hizo el chino para merecer eso? Otro chino esta viajando con su mochilera hace ya dos años por el mundo y es golpeado en la calle casi hasta la muerte y le gritan que no quieren el coronavirus en su país. España tuvo que sacar un mensaje de "yo no soy un virus" con ciudadanos de descendencia asiática para frenar la xenofobia.

Es un virus que debe ser controlado, pero más que nada lo que deben concientizar es a no generalizar y más que nada a no usar la violencia física y verbal hacia personas que nada tienen que ver con el tema.

Como mencione anteriormente la isla de Ko (Koh) Lanta es una de las islas que más me han gustado. Se ubica en un archipiélago con más de 70 pequeñas islas en la provincia de Krabi. El tamaño de la isla y la cantidad de playas hace que tu larga estadía sea una aventura día a día. Hay muchas playas diferentes para conocer, por eso tener acceso a una motocicleta facilitara tu estadía. La isla tiene más de 20 kilómetros de largo y el old town se ubica al otro lado de la isla. Cada playa es un mundo diferente, desde el paisaje, las rocas, la arena y la cantidad de personas. Comenzando desde el puerto principal (donde comienza la ciudad y la zona hotelera) tendrás playas más grandes y con menos rocas, lo que facilitara la entrada al mar pero también contaras con demasiado público. Luego aparecen algunas playas cuyo acceso es unicamente por la ruta principal y allí se encuentra la playa que más concurrimos (beautiful beach) por su tranquilidad, su tamaño y por tener los mejores atardeceres.

Más adelante viene una de la playas más largas y con más bares (Klong Khong). Allí podrás disfrutar de las piscinas entre las rocas, tragos y fiestas todo el año. Si sigues la ruta como lo mencione antes luego vendrán pequeñas y grandes playas escondidas entre la floresta, pero para eso si debes tener un medio para moverte. Ten cuidado con los monos, no todos son amistosos.

En tema de comida siempre tendrás el mismo menú en cada restaurante, desde arroz frito con verduras o carne, phad thai, massaman y algunos lugares con comida oriental. Los precios no son elevados, pero si es mejor buscar las 3b (bueno, bonito y barato). Cuando te artes de comer siempre lo mismo, puedes implementar los sándwiches del supermercado- 7 eleven.

El público en general es muy cálido y siempre dispuesto a ayudar. A veces solo hay que entender el humor tailandés.

Una de las cosas que hicimos aparte de playa, playa y playa, fue participar en el festival de la isla. Todos los 7,8 y 9 de marzo se festeja en el old town un festival, donde tendrás mucha variedad de comida, vestimentas, música y shows. Cada escuela presenta bajo el telar de la música típica, un baile tradicional. Acá no hay competencia y mostrar quien es el mejor, tan solo disfrutar junto a la personas locales y a los turistas del mundo.

Aquí también cumplí mis seis meses viajando por el sudeste asiático. Créanme que seis meses pasaron volando, pero si que es un largo tiempo. Habíamos decido pasar el día en la playa. Como llegamos a la hora donde el Sol esta sobre nuestra cabeza, no había sombra. Solamente en los bar/restaurante de la playa, que todos sabemos de ante mano que los precios no serán para nada económicos. Sin preguntar el precio, pedí un café (lo que nos permitiría quedarnos bajo una sombrilla) y allí pasamos la tarde. Un rato después un hombre americano de unos 65 años, junto a su novia tailandesa se sentaron junto a nosotros y nos pusimos a charlar. No hablamos mucho, pero si les conté que hoy cumplía seis meses en ruta.

Cuando llego la hora de pagar, me acerque la caja y la chica me monstro la cuenta, el total era de 120 bath (4 dólares), pero ella me devolvió 20 y me dijo "así esta bien". Eso sin contar que nos habían traído un plato con piña cortada de regalo. ¿sera porque les convide con galletas o mi sonrisa?.

Me di media vuelta rumbo hacia Coco, cuando aquel norteamericano se me acerca con 300 bath y me dice: "ve y compra algo para festejar". Ese regalo, de aquel hombre, que tan solo hablamos por 5 minutos me dio mucha felicidad. Creo que mi forma de ser muestra algo en la gente. Creo el camino que he tomado es el correcto.

La noche fue mágica, pasamos por tres diferentes restaurares a comprar diferentes platos, entre ellos un plato de humus que tanto quería. Luego compramos un vino con el dinero que el hombre me había dado (hacia un mes que quería tomar vino pero las botellas más baratas rondaban los 10 dólares) y así nos fuimos a la playa a festejar. Bajo la luz de la Luna, con un delicioso vino, mucha comida y con la compañía de Coco.

Pero luego de 40 días en Tailandia era momento de continuar, mi viaje aún no llega ni a la mitad de lo esperado y el dinero se va poco a poco. Eso también significo decirle "hasta pronto" a mi compañera de viaje Coco. Formamos una linda amistad y un vinculo que quedara para siempre.

Juntos pasamos muchos momentos juntos. Charlas interminables, cuestiones de la vida, conocernos más el uno al otro pero también conocernos nosotros mismos, aprendimos a convivir juntos largo tiempo, de pasearnos desnudos por las playas, de discutir una y otra vez sobre lo lindo de la vida. Con ella me abrí a plena confianza, desde mostrar el cuerpo, contar intimidades, mostrarle mi vida y mostrarle un camino a ella. Por fin pude dibujar a una mujer desnuda (un sueño cumplido, tomando en cuenta que me encanta dibujar y pintar) y eso también resulto en tener un retrato mío. Nos contamos cosas que jamás habíamos contado antes y eso nos mostró que la conexión de amistad prevalecerá. Quien sabe, quizás algún día nos volvamos a ver.

MALASIA

Fue tempranito, a las 7 de la mañana, nos dimos nuestro último abrazo y partimos para lugares diferentes. Yo rumbo a un nuevo país, una nueva cultura y religión: Malasia. Me tomó 2 camionetas, un tuk tuk, un taxi y un ferry llegar a Langkawi, la primer isla del noroeste.

El mismo día que llegué, 16 de marzo del 2020, a la noche, el primer ministro de Malasia habló al país. Todo estará cerrado en dos días, nadie podrá estar en la calle, ni ir a la playa. Todos los locales de comida quedaran cerrados. Solamente supermercados y farmacias permanecerán abiertas. Nadie podrá salir o entrar al país. Quienes deban moverse, deberán ser examinados y aprobados por la policía. En fin, lockdown total.

Y esto no solo pasa aquí, sino en el mundo entero. Por un tiempo el mundo cerrará sus puertas que ni los mismos extraterrestres podrán venir a visitarnos. Esta fue la mejor resolución que los gobiernos pudieron tomar para frenar el virus y no dejar que se siga expandiendo. Doctores del mundo hablan que el 60 por ciento del planeta estará contagiado al final de esto. Y yo, me siento parte de la historia. Estuve aquí cuando el mundo se detuvo.

Por otro lado todos mis vuelos fueron cancelados. Hong Kong, Taiwan, Corea y Japón. También tuve que cancelar mi vuelo a la capital ya que allí el virus se expandió mucho luego de que personas contagiadas fueron parte de un festival religioso con miles de personas. Malasia tendría que haber cerrado sus puertas y actuar antes, ahora ya son casi 1000 los infectados.

¿Qué puedo hacer?¿entrar en paranoia como todo el mundo?¿pensar que todo se va a terminar?¿estar enojado o triste de no poder seguir mi plan?¿pasar mi cumpleaños sin un festejo adecuado? ¡NO! Es el momento de bajar un cambio, entender que todos en el mundo estamos en la misma situación, sin respuestas ni saber que hacer. Ahora solamente debemos quedarnos en casa y tener el menor contacto posible con las personas. No sabemos quien puede estar contagiado. Usar tapaboca y limpiarnos bien las manos. Debemos darle un respiro a todos los doctores/as y enfermeras/os que trabajan día y noche en los hospitales que no dan a basto. Aquellos héroes que tienen miedo de volver a casa y contagiar a su familia.

El mundo entendió que podemos vivir sin el deporte, los shows, recitales, festivales, cine y todo eso que pensamos que es necesario. Entendimos que la salud es lo único que cuenta y que para eso debemos unirnos, todos juntos. Es como dejar caer las fichas del domino; una va tirando a la otra. Nosotros debemos quitar esa ficha en el medio y acabar con esto para poder seguir nuestras vidas cotidianas.

Así que formulé un nuevo plan provisorio. Me quedare aquí un largo tiempo y esperare una respuesta al virus. Quiero seguir mi sueño pero también debo entender que a veces las cosas no se dan como queremos.

Lo primero que hice, junto a un francés y dos polacas es buscar un lugar donde poder pasar un tiempo. Que tenga para dormir, cocinar y si es posible donde distraernos un poco (como una piscina). Luego fuimos a un supermercado y tomamos cuanta provisión pudimos y ahora solo falta esperar. Nada mas que esperar.

Y la gente se quedó en casa.
Y leyó libros y escuchó.
Y descansó y se ejercitó.
E hizo arte y jugó.
Y aprendió nuevas formas de ser.
Y se detuvo.

Y escuchó más profundamente. Alguno meditaba.
Alguno rezaba.
Alguno bailaba.
Alguno se encontró con su propia sombra.
Y la gente empezó a pensar de forma diferente.

Y la gente se curó.
Y en ausencia de personas que viven de manera ignorante.
Peligrosos.
Sin sentido y sin corazón.
Incluso la tierra comenzó a sanar.

Y cuando el peligro terminó.
Y la gente se encontró de nuevo.
Lloraron por los muertos.
Y tomaron nuevas decisiones.
Y soñaron nuevas visiones.
Y crearon nuevas formas de vida.
Y sanaron la tierra completamente.
Tal y como ellos fueron curados.

(K.O'Meara - Poema escrito durante la epidemia de peste en 1800)

Pánico total, así se siente el mundo luego de cerrar sus puertas. El pedido de doctoras y enfermeros de quedarse en sus casas no se respeta en su totalidad. Muchas personas piensan que es el fin del mundo y se matan en los supermercados por un rollo de papel higiénico. Nadie se da cuenta que la naturaleza intenta transmitirnos un mensaje muy importante. En momentos como este debemos bajar la pelota al piso y entender que cooperando todo va a terminar pronto y el resultado no será tan oscuro.

Si es verdad, miles de personas murieron, mueren o morirán a causa de esta pandemia, pero a su vez nuestro mundo logró respirar aire puro una vez más. La naturaleza volvió a florecer, los animales volvieron a aparecer en rincones del planeta que hace años no pisaban, la contaminación se redujo y más que nada el ser humano dejo los prejuicios de lado y se unió hacia una causa en común.

Es muy fácil enojarnos por todo; de aquellos planes frustrados, vuelos cancelados, de quedarnos en casa, de no saber que hacer. Nos enojamos, más y más y no llegamos a ninguna conclusión. Es por eso que este es un momento especial que la vida nos ha dado. Que estemos donde estemos bajo cuarentena tenemos mucho que hacer, todas esas cosas que tanto planeamos y que nunca tenemos el tiempo, desde clases de yoga, escribir un libro, analizar nuestros planes, replantearnos cosas y estar con nosotros mismos.

El mundo entro en crisis, personas mueren y otras pierden sus empleos. Nos quedamos encerrados en casa porque todo esta cerrado y a veces ni siquiera se nos permite salir a la calle. Nos preguntamos una y otra vez lo mismo, ¿hasta cuando?

Como toda pandemia llegara a su fin pronto si todos cooperamos. Ayudemos a aquellos que no tienen el sustento económico para colocar un plato de comida en estos días y que han perdido sus empleos. Si dejamos de movernos el virus se controlará y desaparecerá pronto, pero debemos dejar el egoísmo de lado y poner de nosotros mismos para que nuestras vidas sigan su camino.

En Malasia han sumado dos semanas más de cuarentena y por suerte estoy con un grupo muy agradable y en un lugar con muchas facilidades aunque el miedo de no saber cuanto más durará se transmite a medida que los días van pasando.

Me he quedado con muchos mensajes en estos días, en su mayoría muy lindos, acerca de cooperar, ayudar y entender. Pero también logré entender algo más, estamos siendo parte de la historia. Nosotros estuvimos aquí cuando el mundo se detuvo y cerro sus puertas. Pongo mi nombre en este gran libro de la vida.

Hoy se cumplen catorce días de encierro. Las noticias en el mundo no se ven nada bien, pero las vibras se mantienen positivas. Es muy difícil planear a futuro ya que el mismo es muy incierto. Se habla de una vacuna que podría estar pronta dentro de mucho y como es obvio el virus se sigue esparciendo por el mundo. Ya van un millón de casos, siendo Estados Unidos el país más afectado por la simple razón del movimiento. Cientos de aviones llegan a cada rincón del país y esto se debe a que la máxima prioridad en este momento es la economía. El presidente D.Trump destino 2.2 trillones de dólares (una cantidad de dinero que ni siquiera esta impresa en el mundo) para estabilizar el sistema tomando en cuenta que al no frenar la economía genera más casos y más muertes.

Hoy hemos pagado el alquiler por un mes más (por lo menos), con la esperanza que todo termine pronto y que pueda continuar con mi aventura. Por otro lado el francés ha tomado la decisión de arriesgarse y volar mañana a Kuala Lumpur y de allí hacia otro destino. Nosotros miramos el panorama y quedarnos aquí es la mejor opción. El encierro es general, no importa donde vayas estarás encerrado. Aquí contamos con todo lo necesario y con muchos lujos que otros no tienen, así que me siento afortunado.

El gobierno de Malasia destino un dinero para ayudar a las familias durante seis meses, pero las industrias dejaron de funcionar y los supermercados agotaran todos sus reservas en los próximos dos meses, así que, creo yo que es justo el tiempo de observar la evolución del mundo y de seguir así, en dos meses (mismo tiempo que se termina la visa), deberé volver a casa. Tengo la esperanza de que todo va a mejorar pronto y se que haré todo lo que este en mi alcance para seguir navegando.Navegar es necesario.

Al ser uno de los tres países que controlan el estrecho de Malaca, la industrialización y crecimiento financiero fue muy rápido para el país luego de su independencia en 1957. Los malayos constituyen la mayor parte de la población (50%) aunque hay considerables comunidades chinas (24%) e indias (7%). También hay muchos inmigrantes de Tailandia e Indonesia y claro esta, europeos y euroasiáticos instalados en el país desde tiempos de la colonia.

Hay que entender que al ser un punto estratégico como canal de paso, el territorio fue conquistado y controlado en los últimos siglos antes de la independencia por los portugueses, holandeses, ingleses y hasta los japoneses que conquistaron en un ataque sorpresa durante la Segunda Guerra Mundial. Aunque el legado más importante se lo quedaron de los ingleses, es por eso que aún conducen por la mano izquierda, los enchufes tienen tres clavijas y hasta usan el Sistema Westminister.

Malasia es una monarquía parlamentaria electiva y la única federación del sudeste asiático. El jefe de estado es el monarca y del gobierno es el Primer Ministro. Aunque si así lo desea no debe esperar cinco años a las elecciones sino que puede disolver el parlamento en cualquier momento y llamar a elecciones. Tengamos en cuenta que el gobierno de Malasia esta en el poder desde su independencia con su coalición política inseparable. Por eso es que Malasia es una monarquía parlamentaria electiva y la única federación del sudeste asiático.

En cuanto a la religión, el país al ser multicultural cuenta con muchas religiones, aunque el Islam es la religión oficial y predominante con un 60% de la población. Al ser así, los no musulmanes deben sobrellevar muchos problemas como la dificultad de construcción de templos. La Constitución garantiza la libertad de culto pero los no musulmanes deben seguir las decisiones de las cortes islámicas. Entre muchos conflictos ideológicos se encuentra el matrimonio, la herencia y la conversión. Cualquier problema durante la Corte Federal que incluya decisiones religiosas deben ser presentadas ante la Corte Islámica quien juzgará el caso como cuestión religiosa y se guiará por la fe del Islam.

Entre muchas cuestiones se encuentra el tema de drogas y narcóticos, una cuestión que lleva Pena de Muerte bajo la horca. Aunque el gobierno ha anunciado en varias ocasiones la abolición de la ley, hasta el día de hoy sigue en pie. La tenencia de 200 gramos de marihuana conlleva a la muerte y menos que eso a un tribunal de justicia.

Malasia un país con inmigrantes de muchas partes del mundo, posee una gastronomía muy variada. Me llamo la atención fue la fruta más elegida por los malayos conocida como la *reina de las frutas o fruta apestosa*, el durian, es consumido en cada casa del país. Una fruta con un olor demasiado llamativo y un sabor extraño. No se pierdan conocer la fruta si vienen algún día por aquí.

Tengo todavía mucho que conocer y aprender de este país, pero lo que si les puedo decir es que es un cambio rotundo si vienes viajando como yo.

Ha pasado un mes y medio desde que han cerrado el país. Aun me encuentro en cuarentena total, nada abierto, ni los negocios, ni las playas ni las fronteras. Los números de infectados por este nuevo virus a nivel mundial superan los 4 millones y son casi 280 mil los muertos. Así que parece que da para rato; abrá que buscar algo con que ejercitar la cabeza. Demasiado tiempo de encierro y la rutina no me esta gustando.

Así que, terminado el contrato de la casa, busque un cambio. No solo encontré un lugar maravilloso en Kuah, al este de la isla, sino que conocí a Pei, dueña de varias propiedades en un barrio privado. Me ofrecí como voluntario para la jardinería y la limpieza de las casas. Un gesto tan pequeño llego a abrir miles de puertas, proyectos y una linda relación profesional.

Comencé con proyectos pequeños de jardinería, desde limpieza, riego y plantación. Pero en seguida hicimos una larga lista de cosas que Pei necesitaba ayuda y yo a cambio de lindas charlas y una taza de té estaba dispuesto a dar brindar mis horas. Lo lindo de las conexiones es ver hasta donde pueden llevarte. Así conocí a Annie, una intima amiga de Pei de descendencia china que era muy conocida en la isla por sus trabajos como florista. Desde un simple presente para el cumpleaños hasta el arreglo floral para un casamiento. Pero algo que le costaba mucho era entender las redes y eso es algo que hoy en día no se puede dejar de lado. En los primeros días, mientras arreglaba su Facebook, Instagram, Gmail y su página personal, compartimos varias comidas tradicionales de China. Cada plato era una incógnita y cada sabor una experiencia diferente a mi paladar. También me han enseñado mucho sobre la cultura China, y sobre el sentimiento de ser un Malayo no tan bienvenido en el país.

Pei es la tercera generación china de su familia en Malasia. Una mujer con una fuerza de voluntad inconmensurable y una gracia divina. Cada mañana me manda un poema breve para arrancar el día de forma positiva. Siempre con una taza de café o té para despertar y una pequeña charla filosófica para arrancar el motor cerebral. Me encanta discutir con ella distintos cuestionamientos de la vida, tiene una linda forma de ver las cosas. Siempre acotando que soy Perro (en el zodíaco chino) y que siempre seré un líder nato.

Recuerdo un día, en la florería de Annie, estábamos charlando y armando algunas cosas para su página de Facebook cuando me preguntaron si quería comer con ellas. Obviamente acepte. Al rato llegaron varios platos de comida china y Pei me preguntó si quería comer con palitos o con un tenedor. Ya estaba acostumbrado a los palitos y encima no quería ofender la comida, pero lo hice. Porque al querer tomar un sorbo de café con hielo deje los palitos incrustados en la comida. Enseguida Pei me dijo que eso se hace unicamente cuando alguien muere en China, y se ofrece a la familia para espantar a los espíritus.

Mientras estaba plantando unos arbolitos al costado de la casa, la pala desgasto mi piel generando varias ampollas, al ver mis manos recordé un proverbio que me dió el abuelo de una ex novia hace casi 10 años atrás. Durante una pequeña charla Pei me pidió ver mis manos. Al observarlas me dijo que era un chico que trabajaba duro, y que eso se nota mucho mirando la palma de la mano. Tal cual el proverbio de ese señor mayor. Las marcas en el cuerpo prevalecen por siempre, externa o internamente, pero nos forman, nos ayudan y nos guían. Por eso nunca mires esas heridas con desprecio. Ellas son parte de ti y de tu historia.

Ya han trascurrido 3 meses en la isla. Un lugar donde por más cerrado que sea más libre me siento. Por suerte el Primer Ministro ha ampliado la cuarentena por tres meses más ya que mi visa estaba por expirar y en migraciones no querían proporcionarme más de un mes si les llevaba cierto papeleo. El tiempo aquí pasa muy rápido. Trabajo en la mañana y en la tarde unas horas ayudando, cocino cuanta delicia pase por mi cabeza, recorro la isla, las playas, cataratas, montañas y hasta he intentado pescar. Escucho los cinco rezos al día de las mezquitas con su llamado a la oración, un llamado que ya suena como música para mis oídos.

En este tiempo de reflexión junto a Oliver (un español que comparte la casa conmigo) decidimos probar algo diferente. Al principio y hace años me asustaba un poco la idea, pero en fin quería ver lo que se sentía y así como en Varanasi con el Bang Lassi escribir o transmitir la experiencia de alguna forma. Así que una tarde muy calurosa, cogimos las motocicletas y nos fuimos a buscar hongos alucinógenos en el excremento de las vacas. Habíamos averiguado de ante mano donde aparecen, como lucen, como comprobar que son esa clase de hongos y no unos venenosos, cuantos tomar y donde tomarlos. Recogimos cuantos hongos vimos pero no era suficiente, aun así, era interesante probar una dosis pequeña y ver los resultados. Esta fue mi primera experiencia con hongos alucinógenos:

Panaeolus Cyanescens/ 0,75 gr

5:20 Tomamos la primera porción
6:02 Relajación muscular, risa nerviosa
6:06 Tomamos la segunda porción
6:22 Veo efectos y sombras, pequeñas figuras en forma de células moviéndose. Los árboles tienen sombras que aparecen y desaparecen.
6:33 Siento el pecho y la boca del estómago muy caliente
6:51 Sigo viendo una especie de aura en la copa de los árboles y esas pequeñas burbujas siguen moviéndose. Siento sequedad en la boca y respiración muy profunda.
6:57 Siento el mareo de la borrachera. Tartamudeo. Me siento pesado.
7:21 Movimiento en la imagen. Intensidad de color y profundidad en los objetos.
7:29 Euforia total, la risa domina en casa oración.

Días mas tarde decidí tomar una porción más grande y poder llegar a lo que se conoce como Nivel 1 en la etapa de alucinación.

Panaeolus Cyanescens/ 1,75 gr

1 hora: puedo observar el rastro en el movimiento de los objetos

1 hora 17 minutos : siento el peso de mi cuerpo. La líneas de las baldosas desaparecen. Logro ver imágenes de gato, murciélago y dragón en la baldosa. Estoy mareado, siento el latido del corazón muy fuerte.

1 hora 21 minutos : puedo diferenciar los patrones en el suelo, se dividen según su color

1 hora 27 minutos: logró ver el relieve de la hoja de una planta, se oscurece el color verde. El piso cambia a un color marrón con relieve de montaña y se mueve. Si cierro y abro los ojos desaparece. Continuo viendo el aura de los objetos.

1 hora 36 minutos: subo las escaleras, me siento muy pesado y con respiración profunda

1 hora 42 minutos: observo mi rostro en un espejo, el espejo desaparece y ve mi cara en tercera dimensión. El aroma se amplifica y mis pupilas están más dilatadas.

1 hora 47 minutos: siento mucha fuerza sobre mi cuerpo, no tengo energía, me siento caído con dificultad para hablar y escribir

2 horas 17 minutos: cuesta escribir, hablar, pensar y expresarme. Los pelos de mis brazos se paran al contacto con la silla. Estoy cargado.

2 horas 41 minutos: me concentro mucho en lo que veo, la boca del estómago me sigue quemando. Algunas cosas no las veo con nitidez.

2 horas 59 minutos: sigo mareado, sin fuerza

3 horas 20 minutos: me obsesiono con una idea que me mantiene tenso y alerta.

Las drogas así como cualquier cosa en la vida que son llevadas a un extremo son dañinas, pero eso no significa que en cierto momento, con responsabilidad y seguridad puedas experimentar cosas que amplíen tu forma de ver o pensar en la vida.

Algunos dicen que ser un viajero es de lo más divertido, que solo disfrutas y que nada afecta tu ser. Ahora, piensen en alguien que quieren mucho, sea un amigo/a, un familiar, un conocido. Piensen en los momentos juntos, piensen en los sentimientos que tienen con esa persona y por último piensen como se sentirían si esa persona ya no esta. Los viajeros como yo viven ese sentimiento muy seguido. Compartimos vivencias lindas y tiempos difíciles con completos extraños de todas partes del mundo. Algunas historias pasan en días, otras semanas o meses. ¿Piensas tú que una relación profunda se basa en tiempo o en cuan profunda es?

A menudo ese día me llega a mi; ese momento en un aeropuerto, en la entrada de un hostal o frente a un tuk tuk que debo decir adiós, o hasta pronto o hasta siempre, porque no sabemos cuando volveremos a ver a esa persona que compartiste momentos en tu vida. Risas, llantos, emociones y hasta amor. Ser un viajero no es nada fácil.

Hace un mes, llegué a esta nueva residencia donde me alojo hasta el día de hoy. Pero la vida generó que el taxista se confundiera y me dejara en la parte de atrás de la casa. Al bajarme una joven y hermosa chica junto a un señor me saludan y sonríen. Me acerque al portón a preguntar si sabían quien era *Pei,* a lo que respondieron que se encontraba al otro lado de la casa.

Esa sonrisa y ese gesto no podían quedarse en el olvido. Dos días más tarde me dirigí hacia esa casa con un rico postre que había cocinado. Me quede allí un rato conversando con ella y su padre. Dos personas que irradian felicidad.

Alize es una chica norteamericana que se hospeda en la posada con su padre se acerca y me invita a celebrar su cumpleaños esa noche, se generó un vinculo, uno que duraría exactamente un mes hasta que ella decidió volver a su país natal. En ese tiempo juntos compartimos muchas ideas, del amor, la vida, la felicidad, la libertad… Aunque hubieron algunas en especial que me dejaron pensando mucho. La primera y como mencione antes es que decir *"adiós"* no es nada fácil, y por ultimo es que no hay nada mas hermoso que el amor, aquel concepto que me ha castigado en varias ocasiones pero que no puedo alejarme o dudar del él. Es verdad cuando es negativo, transforma tu circulo interno en una bomba de tiempo, pero cuando este llega con luz, no solo ilumina tu vida, sino que deja en ti una pequeña chispa que jamás se apaga.

Paso un mes, y era hora de despedirse una vez más. Otra vez un nudo en la garganta, un vacío en la boca del estomago y mucho recuerdos para recordar. Mi último mensaje antes del adiós fue:

"Una sonrisa puede generar una hermosa historia, una linda sonrisa puede cambiar al mundo."

Parte del procedimiento que se lleva a cabo gracias a este nuevo virus es tomar la temperatura antes de entrar a un negocio, supermercado u otro lugar. Es una medida que se implemento en casi todos los países del mundo, pero hay algo que no han tomado en cuenta: primero deben informarle a los trabajadores cual es la temperatura adecuada de un cuerpo humano.

Aquí en Langkawi (Malasia) parece que no lo tienen del todo claro y que tan solo siguen la ordenes de arriba. Ya son varias las oportunidades que los aparatos de medir la temperatura muestran un número muy preocupante.

La semana pasada me tomaron la temperatura antes de entrar a un centro comercial. El aparato indicaba 31 grados celsius. Días después en la entrada de un supermercado el aparato indicó 34 grados y el hombre me pidió anotar el número. Sin ingles ni educación no pude hacerle llegar a entender que si tuviese 34 no estaría caminando o sonriendo como lo estaba en ese momento. Ayer en un negocio de comida callejera mi temperatura fue de 39 grados y al ver la lista (donde se encuentra todas las personas que ingresaron antes que mi), todos indicaron que tenían más de 37. Hoy lo intente de nuevo, al entrar a un negocio, la chica me mide la temperatura y le da 34. Le pedí que tomara la temperatura de nuevo porque ese numero estaba incorrecto. Entonces me respondió: "estas frio".

Es muy lindo lo que los sistemas de salud y prevención intentan hacer para frenar o prevenir los casos del virus. Lo que no tomaron en cuenta es que un porcentaje muy alto de personas en el mundo no tienen el conocimiento básico de las cosas.

Es muy lindo llenar una lista con la información de las personas que entrar a un lugar junto con su temperatura, pero si la persona tiene más de 37 entonces no anotes el número y la dejas pasar porque esa persona debería entrar en un hospital. Y si el aparato muestra una temperatura menor a 35 grados entonces es hora de cambiar el aparato porque algo esta mal.

Encontrarse a un uruguayo por el mundo no es algo cotidiano y cuando eso pasa, se transforma en un momento especial. Ya no son dos extraños por el mundo, son dos hermanos que se conocen de toda la vida. Un agarrón de mano y un beso en la mejilla, el primer símbolo que nos distingue al darnos la bienvenida.

Somos 3 millones de compatriotas, y pocos con posibilidad de explorar el mundo, así que la posibilidad de encontrarte a uno, son casi nulas.

Mi primera vez fue en Rusia, mientras bajaba la escalera del hostel donde me estaba quedando. Allí un acento penetró mis oídos; estos seguro son uruguayos. Eso sin tomar en cuenta aquel viejo termo repleto de pegotines de fútbol, o el de La Vela Puerca (banda de rock nacional uruguayo) que uno de ellos llevaba bajo el brazo.

Más adelante tuve otro encuentro, esta vez eran 3 chicas que estaban viajando por algunos países asiáticos. No llevaba un mate, pero si la sonrisa y la amabilidad que mi tierra me enseño.

Por último, en Malasia, cuando el corona virus se esparció por el mundo, dejando a turistas atrapados en cada país del planeta. Acá en Malasia estaba un grupo de casi 600 uruguayos que viajaban como lo hacen todos los años luego de recibirse en la Universidad. Yo por mi lado, había mandado un simple correo electrónico a la embajada anunciando que me encontraba también aquí, pero sano y salvo y sin apuro de volver. Un día más tarde recibo un mensaje de texto del mismísimo cónsul, preguntando si estaba todo bien y brindándome su apoyo con contactos de aerolíneas para poder volver a casa.

Yo que viajo con personas de todas partes del mundo le puedo decir que ese gesto fue mágico y maravilloso. Embajadas de otros países no se hicieron cargo de sus ciudadanos, tan solo les dieron cifras desorbitantes de billetes para volar a su país. El mismo cónsul me estuvo escribiendo a menudo contando sobre la situación actual.

El mismo me conecto con cinco uruguayos que también habían decidido quedarse, aunque estaban atrapados en la capital, Kuala Lumpur. Yo me mantuve en contacto con uno de ellos y un mes después compartimos una parrilla en casa (Langkawi-Malasia). Seis completos extraños que compartíamos todo y nada al mismo tiempo.

Las charlas sobre aquel país que ilumina con los rayos del sol de su bandera, donde el abrazo de un extraño logra acogerte y sentirte protegido, donde la conversación con el chofer de ómnibus parece eterna y donde una simple sonrisa contagia más que el corona virus. Uruguay es un país que fue, es y será único en el mundo. Una gran familia que sabe cuando necesitas una mano y te la da, un país que, aunque ya son siete años que no vivo en él, no hay día que lo extrañe y quiera volver.

Agradezco a Juan Andrés, cónsul de Uruguay en Malasia por su ayuda y preocupación en estos tiempos sin respuesta y donde lo más lindo que te pueda pasar es tener a tu país atrás cuidándote estés donde estés.

Entonces me encontraba en la oscuridad del Océano Indico. Con un cuchillo tipo Rambo en una mano y la otra intentando no salir a flote. Resulta que la cuerda de la lancha que llevábamos detrás se había enganchado en toda la hélice y alguien debía bajar a cortar. Enseguida me ofrecí. Me puse las patas de rana, los lentes y el tubo y me tire al agua. La situación no era para nada linda. La hélice del Evelin (un yate de vela construido en 1911) se había comido mucha cuerda. El capitán me pasó su cuchillo personal, uno de esos que solo vez en las películas como: Cocodrilo Dandee. Comencé a cortar con la poca visibilidad que había, el día anterior una tormenta cubrió Langkawi por completo. Pero el poco oxígeno que podía aguantar bajo el agua no me dejaba cortar por mucho tiempo.

El capitán me ofrece un tanque con oxígeno sin saber que nunca había usado uno. Me pasó el respirador y baje. Se sentía raro respirar, a los pocos segundos subí rápidamente y me quite el respirador. Tenía que respirar normal, así que comencé de nuevo y me adecué rápido. Una medusa paso cerca mío y yo tirando cuchilladas en el agua para que se fuera. De película en lucha con una medusa.

Bajo el agua, cortando la cuerda se me vino una única imagen, sobre un documental llamado "Last breath" donde buceadores arreglan cosas a grandes profundidades, mucha presión y cero visibilidad.
Mi trabajo estaba casi completo cuando preferí subir a la superficie y descansar un poco. Mientras iba subiendo la escalera comencé a ver sangre corriendo por todos lados. ¿Qué pasó? ¿De dónde viene toda esa sangre? Resulta que me había cortado todo el cuerpo bajo el agua mientras intentaba agarrarme de algo. Los filosos mejillones bajo el yate tan antiguo como mismísimo Titanic hicieron filetes en mi piel.

Han pasado 5 meses desde que llegue a Langkawi. El país y el mundo siguen cerrados. Hubo intentos de abrir, pero una segunda ola impactó cerrando todo nuevamente. Aunque es duro para mi y mi viaje, siento que este virus le esta haciendo más bien que mal a este mundo que pide un respiro. Aca en la isla lo pude ver con mis propios ojos. Recuerdo las cascadas, playas y parques donde el plástico, la mugre y todo lo demás cubría el lugar atrayendo a los monos (que no son nada amistosos), así como recuerdo los mismos lugares donde ni el turista ni el local pusieron un pie, recuerdo la pureza, el olor a aire y la imagen de un lugar tan bello.

Aunque ya era hora de despedirme de la casa de Pei, pero no de ella. Me mudé al norte, al Eagleye Cottagge, donde Suzie, la dueña de descendencia musulmana me ofreció no solo alojamiento, comida y transporte, sino también trabajar a veces en un yate a vela recibiendo una linda paga por día. Si hay algo que envidio de Suzie es la apariencia juvenil que tiene, una mujer delgada, bella, de piel morena y una sonrisa de punta a punta. La vida parece no afectarla, ya que a sus 45 años sigue pareciendo una joven de 20. Una mujer con mucha energía y ganas de ayudar. Me hizo sentir parte de la familia en una isla donde ya me siento local.

El día a día se ha vuelto muy movido, entre gallinas, gatos, conejos y un perro que van de un lado para otro, las altas palmeras de coco que se mueven bruscamente y parece que en cualquier momento algún coco caerá en mi cabeza, Suzie y su gran sonrisa y este lugar tan pacifico me tienen anonadado. Agotado físicamente con todas las actividades y trabajos que hago aquí o con Jeff (el compañero de negocios de Suzie) que cada tanto me manda a hacer trabajos de carpintería, arreglos o jardinería, pero con muchas energías porque aquí me siento completo, donde puedo expresar mi ser y disfrutar de la compañía de esta chica morena que me tiene confuso pero lleno de amor.

La rutina de limpiar los cuartos, lavar las sabanas y llevarlas a secar, salir a pasear con Smooky (la perra de Suzie), alimentar y jugar con Cristal y Chi-Chi (los gatos), darle de comer a los conejos de ojos rojos, limpiar la casa, cocinar para los dos, hacer trabajos de electricidad, jardinería y fontanería me tienen entretenido durante todo el día. Pero lo que más me gusta es charlar con Suzie, charlas de la vida, donde ella y yo aprendemos juntos.

No habían pasado más que unos pocos días, en una noche donde el manto de las estrellas y un fogón que hipnotizaba fueron espectadores de las hermosas palabras que alguien me haya dicho antes. Mientras mi mirada estaba perdida en el fuego, Suzie se acerco a mi, me abrazo y me dijo "gracias por devolver mi sonrisa y felicidad a mi vida". *Una sonrisa cambia el mundo* por más oscuro que este tu mundo, sonríe y veras como no solo iluminaras sino que también conducirás a otras personas hacia ti, personas que la oscuridad no les dejan ver el camino; tan solo verán tu luz para poder seguir y seguir iluminando a más personas. Así es como un simple gesto puede cambiarlo todo. Disfrutar aquí, con ella, me gusta mucho.
Me preocupa la decisión del gobierno que debe ser tomada dentro de unos días, sobre si van a extender o no la cuarentena y así yo poder quedarme aquí más tiempo legalmente.

Seis meses en Langkawi, más de un año viajando por Asia, el virus vino para quedarse. Hay en el mundo 33 millones de casos, un millón de muertos y cientos de teorías conspirativas. Por mi parte sigo conociendo la cultura local. Vivo como un malayo, aprendo de poco el idioma y me siento parte del lugar.

A no ser que aparezca algún uruguayo escondido entre las rocas, resulta que el cónsul me a confirmado que soy el último turista uruguayo en Malasia. Todo un honor representar a tan querido país al otro lado del mundo.

Por mi parte he aportado desde fotos, enseñanzas y hasta construí una parrilla al estilo uruguayo. El primer parrillero a leña en Malasia, y quien dice quizás en todo Asia.

Hace más de dos meses que he dejado de lado cada sitio turístico y me escabullí como un ciudadano más; llevando la ropa al lavadero, comprando las verduras y pescado en el mercado y compartiendo charlas muy interesantes con los locales.

¿Sabías como nos llaman los malayos? *Mat salleh*, que significa hombre albino. Al menos es mejor nombre de como los chinos nos llaman "mono blanco".

Entre las coincidencias de la vida, Suzie conoció a dos primos perdidos, del cual uno en especial (Zamri) conecto mucho conmigo. Lindos momentos de charlas, pool y mucho vino. Una noche, estábamos sentados los tres, con una copa de vino en nuestras manos, cuando Zamri dijo: "Sabes Andi, los malayos no hablan mucho de los turistas, ya que son personas que van y vienen, en períodos muy cortos, pero tú eres diferente. Mi esposa y yo hablamos de ti a menudo, como si fueras parte de la familia" y continuó… "la edad promedio que vivimos aquí en Malasia es de 60 años, y yo, junto a Suzie ya estamos llegando a los 50, por lo cual, siguiendo los estándares de la vida no nos queda mucho. Pero tú, eres un joven aventurero y tienes mucho por delante. Lo único que te pido es que recuerdes estos momentos que pasamos juntos".

Por otro lado conoci a Elly, un joven refugiado sirio, quien al preguntarme de donde era, me dijo que tomaba mate. ¿mate en Siria?

-En Siria tomamos mate en la mañana, tarde y noche. Apenas nos levantamos preparamos un mate para comenzar el día. Más que nada en la zona de montañas que es mas frío. Aunque a diferencia de muchos paises sudamericanos que toman mate, nosotros lo tomamos hirviendo, hasta quemarnos la lengua, más o menos. Algunos le agregan azúcar en la yerba antes de cebar. Todo comenzo como en 1900 cuando nuestros abuelos emigraron a Sudamérica (por trabajo y una vida mejor). Cuando volvieron trajeron esa cultura con ellos. Asi que ya son mas de 100 años que tomamos mate.

Esas cosas que uno ve y aprende a lo largo de los viajes. Algo tan simple y extraño como ver a un Sirio tomar mate.

Es como si fuese ayer cuando llegue a ese hostal en Cenang, el área turística de Langkawi. Ese día que pensaba que este virus no iba a durar mucho y que mi viaje iba a continuar tal y como lo había planeado. Hoy 16 de noviembre, se cumplen 8 meses. Aquel sueño del cual tanto había luchado por dos largos años, me había frustrado y con una lagrima en mi mejilla decidí cambiar. Este lado del mundo permanecerá cerrado por largo tiempo y por más que me siento como en casa, es hora de seguir.

Otra vez despedirme de amigos, familia, del amor, lo cotidiano, de Smoky, chichi, cristal, los conejos, de las gallinas (en especial de aquella que la llame "Bitácora"), de las shnitzel de un dolar de Zambri y de aquella bella mujer que compartí tan lindos momentos.

Asia ya no es una opción. Tarde 8 meses en darme cuenta pero es hora de aceptar la realidad.

Por tan triste que me ponga, es parte del gran viaje de la vida que me propuse y estás cosas son parte de él. Así que me despedí de mí hogar y partí hacia la capital, a la gran ciudad.

Luego de 8 largos meses de vivir como un pueblerino, volver a la ciudad no es algo que me ponga feliz, aunque estar en un apartamento en el centro me dejó bajar un cambio y aceptar la realidad. El viaje aún no se a terminado, tan solo es un nuevo capítulo. Adiós Malasia, gracias por tanto.

Kuala Lumpur, la capital de Malasia, fundada en 1857 en ese lugar donde confluyen dos ríos: Gombak y Klang. La ciudad de los grandes centros comerciales y donde debes moverte en algún tipo de transporte ya que no está adecuada para el peatón. Pero nada es imposible, siempre se puede, salteándose alguna que otra ley de tránsito. También es aquí donde se ubican las torres gemelas más altas del mundo, con una altura de 452 metros y 88 pisos de hormigón.

Una ciudad sin mucho que hacer y sin mucho espacio abierto. Lo que me dio tiempo de comenzar a planificar mi siguiente destino: Estambul-Turquía.

TURQUÍA

A 439 días de haber comenzado esta aventura, llegue a Estambul y un reencuentro con mi madre.
Los vuelos fueron muy cómodos en la aerolínea Qatar Airways, aunque por la situación del virus estábamos obligados a estar con el tapa boca y un protector de plástico que cubría todo el rostro. Dormir con esas dos cosas puestas no era nada cómodo, pero el cansancio ayudaba con la situación. Aparte el vuelo venía casi vacío, así que tenía los 3 asientos para dormir sin problema alguno.

Pasada una semana me puse a escribir. Las palabras que aquí escribiré no son una descarga de todo lo malo, sino una crítica de un viajero que tiene un largo tiempo recorriendo el mundo y que muchas cosas ya no las puede callar. Lo que escribiré aquí se basa únicamente en mi experiencia, en este tiempo y lugar y nada más. No pongan estas palabras como un todo, porque jamás lo es.

La primera experiencia fue en el taxi, desde el aeropuerto hacia el lugar donde nos alojaríamos. El precio que fijamos antes de subir fue de 200 liras turcas (25 dólares americanos). Durante todo el trayecto el conductor hablo y hablo, siempre con una sonrisa y con mucha información de la ciudad y la situación del momento. En eso, y bajo mis largas experiencias le dije a mi madre "este se quiere hacer el amigo para cobrarnos más". Al llegar al alojamiento el conductor no dice que el total es de 300 liras, algo así como 40 dólares. Cuando le dije que el precio ya estaba fijado fue cuando comenzó a usar el traductor de Google, como si no supiese hablar nada de inglés. Ya quería llegar al lugar y sabía que en estas situaciones siempre salís perdiendo. En eso le pregunte cuanto es en euros ya que no teníamos suficientes liras y él dijo 45. Miren como pasamos de 25 dólares americanos a 55. En estas situaciones sabes que el sistema de derecho de piso le gana al turista, así que intenten negociar lo menos posible y salir de allí lo más rápido posible sin pelear.

No es demasiado el tiempo que necesitas para conocer Estambul si lo recorres caminando y en metro, lo que si quedaras super cansado de tantas subidas y bajadas. Junto a mi madre recorrimos absolutamente cada lugar turístico y no turístico, cada estatua y feria, cada centro comercial y mezquita en tan solo 3 días, aunque si quieres hacerlo más tranquilo será suficiente con una semana.

El turco me pareció un ser poco amistoso, mal comerciante y agresivo. Siempre buscando la forma de sacarte dinero. Lo dije una y mil veces, ser un turista no significa ser una fuente de dinero. Y aquí como en muchos lugares que he recorrido en mi vida es como si estuviesen esperando a los turistas como si fuesen Robin Hood. No me puedo quejar de los precios, ya que Turquía, o al menos Estambul es super barato. Desde un café por un euro, el metro a 70 centavos de dólar y una comida afuera te saldrá entre 30 a 40 liras turcas (más o menos unos 4 euros). Pero si el café sale 1 euro, entonces 1 euro es lo que quiero pagar, no 2 o 3.

Hablando del idioma es muy básico, la enseñanza acá es muy pobre y con suerte salen del colegio sabiendo turco. Algunos de ellos aprenden español (más que nada para el comercio), ya que tienen raíces en la familia que hablan ladino. Así que si hablas español te será un poco más fácil entenderte con ellos. Aunque conmigo no fueron muy amables y no fue por un tema de idioma, como aquel día que estábamos en el metro con mamá. Allí encontramos dos máquinas de tickets, pero con diferentes precios. Nos acercamos a un joven policía y le preguntamos donde sacar nuestro ticket. Nos dijo que cualquiera de ellas. Luego de sacar nuestros tickets nos dirigimos hacia la entrada y pasamos el ticket, pero el mismo no funcionaba. Le preguntamos a otros dos policías y nos respondieron que ese ticket no funcionaba para esa entrada que debíamos sacar otro ticket y tirar esos a la basura. Al intentar explicarles que la policía nos había dicho sacar esos boletos, ellos tan solo nos dijeron "nosotros somos policías no taquilleros".

Otro de los temas que me parecieron patéticos fue cuando ingresamos al museo de arqueología. Un lugar que me llamaba mucho la atención, ya que no solo me encontraba en Estambul, sino que también estaba en lo que una vez fue el gran Imperio Bizantino. La entrada te costara unos 5 euros y por otros 3 euros tendrás una audioguía en tu idioma aunque no lo recomiendo para nada. La misma no te explicara nada y tan solo funciona en pocos lugares del museo. Al terminar la visita al museo, me quede asombrado. Estatuillas y momias traídas de Egipto, sarcófagos traídos del Líbano y Grecia. Donde estaban las huellas y evidencias del Imperio de Romano, los personajes, la historia. Absolutamente nada. Nada de aquí, del lugar más importante de la zona por cientos de años.

Así que como no lo veras en el museo, aquí te dejo un breve resumen para que entiendas el día de mañana si piensas venir, donde estas parado.

Constantinopla fue la capital de grandes Imperios a lo largo de la historia: el Romano, Bizantino, Latino y Otomano. Todo comenzó con Constantino el Grande, quien en el 330 d. C, convirtió la ciudad en la capital del Imperio Romano. La ciudad era muy importante por su localización geográfica, era una posición estratégica para el control y dominación de la época. Fue en su tiempo la ciudad más grande y rica de todo Europa.

La ciudad cuenta con muchas mezquitas, entre ellas hay dos de gran porte e importancia y se encuentran enfrentadas. La mezquita de Santa Sofia (posteriormente una basílica ortodoxa), un templo fundado por Constantino II en el año 360 d. C y dedicado a la Divina Sabiduría. De catedral a museo y de museo a mezquita. Famosa por su enorme cúpula, aunque en su construcción la primera cúpula se vino abajo.

Frente a la misma se encuentra la mezquita azul, construida en 1609 bajo el mandato de Ahmed I, para apaciguar a Alá. Para su creación fue necesario la destrucción de varios palacios y gran parte del Sphendone (tribuna en forma de U del hipódromo).

Del hipódromo, lo único que quedó fueron algunas piedras y columnas. El Obelisco Egipcio, construido en 1549 a. C, pero colocado en Constantinopla recién en el año 390 d.C. Tutmosis III hizo construir este Obelisco para conmemorar las campañas en Siria. Por otro lado, está la Columna Serpentiforme, en regalo a Apolo. Son tres serpientes enlazadas en forma de una columna que era la base de un trofeo. La misma se ubicaba en el templo de Apolo de Delfos y traída por Constantino el Grande.

La ciudad y muchos puntos importantes se encuentran asegurados por la policía, militares y fuerzas especiales luego que, en el 2015, 2016 y 2017 grupos terroristas efectuaron varios atentados suicidas en diferentes puntos de la ciudad.

Por otro lado, si piensan buscar alojamiento, les sugiero que lo hagan desde sus respectivos países. La famosa aplicación Booking.com no funciona dentro de Turquía desde el 2017, luego que TURSAB (Unión de Agencias de Viaje Turca) se quejó que la aplicación carece de autorización bajo la legislación turca.

A unos 400 kilómetros de la capital, se encuentra una pequeña ciudad llamada Canakkale. No solo es junto a Estambul la única ciudad que comparte tanto tierras europeas como asiáticas, sino que en esta region hace 2300 años donde los troyanos construyeron su gran Imperio. No es muy conocida por el extranjero, pero es un punto turístico dentro de los locales.

Una ciudad histórica y legendaria que por muchos siglos estuvo en el olvido, fue descubierta en 1871 y gracias a ello podemos decir que ya no es una leyenda. Su posición geográfica ayudó al Imperio Troyano a controlar el acceso al Mar Negro.
Troya fue una de las únicas ciudades en el mundo que fueron saqueadas, quemadas y destruidas, pero siempre se reconstruyo sobre el mismo sitio. Es por eso que los historiadores pudieron encontrar en los restos arqueológicos se remontan a más de 3000 años de historia y los cambios que pasaron a través del tiempo. Se han encontrado hasta el momento 10 ciudades enterradas en el mismo lugar, es por eso que los arqueólogos mencionan que hay mucho más por descubrir.

Lo más común es tomarse un minibús bajo el puente de Ataturk, pero mi instinto aventurero me hizo alquilar una bicicleta de montaña y salir a la aventura. Son 31 kilómetros de ida hasta llegar a las ruinas de troya. El camino no es peligroso mientras respetes las reglas de tránsito, aunque debes tener buen estado físico para ir y volver.
En el yacimiento se pueden ver las murallas de la ciudad, el templo de Atenea, el teatro y los cimientos de muchas casas. Si quieres observar más a fondo el lugar puedes dirigirte a unos 500 metros fuera del lugar donde se encuentra el Museo de Troya. Allí veras por piso las diferentes etapas y ciudades construidas en Troya, entre ellas la de la del emperador Adriano, Augusto y Constantino.
Muchos personajes conocidos en la historia pasaron por ese lugar, como Paris, Aquiles y Héctor.

Según la epopeya griega, La Ilíada, el príncipe Paris de Troya secuestro a su enamorada Helena de Grecia, la mujer más bella del mundo. Pero Menelao de Esparta, su marido, no lo podía permitir. Así que, convoco a los griegos y así partieron hacia la guerra.
La Famosa guerra de Troya tuvo lugar aquí mismo junto a su famoso símbolo, el caballo de madera (en Canakkale se encuentra el caballo de madera original usado por Brad Pitt en su película Troya del 2004). La guerra ya llevaba más de 9 años y el mejor guerrero griego, Aquiles, había muerto en combate. Así que los griegos llevaron sus barcos mar adentro para hacerles creer a los troyanos que habían ganado la guerra. Antes de hacerlo colocaron un enorme caballo de madera en las puertas de la ciudad. Los troyanos se creyeron la victoria y colocaron el caballo dentro de la fortaleza. Luego de estar borrachos y dormidos, los aqueos salieron del caballo y conquistaron la ciudad.

POLONIA

Fue hace un poco más de 90 años que mis bis abuelos emigraron de Polonia a Uruguay. Nunca pensé que eso cambiaría algo hasta el día de hoy. Turquía había sido colocada en la lista negra de Europa ya que venían mintiendo con los números de contagios de este virus que ya estaba molestándome. Asia cerrada hasta el año que viene, y Europa hasta enero. No me quedaban muchas opciones y la idea de volver a casa era presente cada vez más. Entonces me cuestione la idea de entrar a Polonia como ciudadano polaco. Me comunique con la embajada de Polonia en Estambul y me dijeron que si soy ciudadano era bienvenido al país sin ningún problema. Lo que no me imaginaria es que al llegar (pensando que moverme en la UE como un ciudadano más sería fácil) me entere que todos los países de Europa tienen muchas restricciones para poder acceder. Entre ellas está el famoso test PCR que tiene un costo de un poco más de 100 euros y posible cuarentena. Este virus tuvo un impacto tan fuerte que en marzo habían cerrado las fronteras, algo que no sucedía desde la Segunda Guerra Mundial.

Llegue a Varsovia sin problema alguno. Ya era un europeo, un polaco, un bisnieto que caminaría una vez más por donde todos mis antepasados caminaron hace un siglo atrás. Aunque hoy caminaba libre y feliz, mis bis abuelos no lo hicieron así. En 1929 se escaparon de Polonia por la situación post Primera Guerra Mundial sumado a las persecuciones y nuevos reglamentos hacia los judíos. Sus hermanos, hermanas, primos y primas, sus padres y abuelos no tuvieron la misma suerte. Los campos de exterminio y las enfermedades hicieron su trabajo.

Así que lo quiera o no, este lugar es un referente en mi historia ahora, con una mente más abierta, que cuando estuve con 17 años, quería salir a recorrer las calles y escuchar las historias que me querían contar.

Me había costado mucho al principio encotrar algún lado positivo. Cada sitio te recordaba un conflicto, una guerra, una explosión o el holocausto mismo. Cada sitio te hacía sentir frio, triste y enojado. Pero no quería eso...
Pero gracias a Francisco, un argentino que vive aquí hace muchos años, me plantee otras reflexiones, otra forma de ver y organizar mis ideas.
Pues recuerdo ir a muchos lugares donde se intenta hacer desaparecer la historia, como lo vi en Colombia donde el gobierno intenta eliminar el nombre de Pablo Escobar. Pero no en este lugar, aquí se recuerda muy bien lo que paso. Y lo vi... vi a Polonia como el Ave Fénix, renaciendo de las cenizas. Un país que estuvo totalmente destrozado y años después creció, se modernizó y sigue adelante.

Varsovia tiene mucho que recordar, así que te contare un poco sobre lo que vi y lo que me gustaría que algún día vieras. Lugares que espero que sigan en pie, ya que muchos otros ya no lo están o no lo estarán:
 El mejor lugar para comenzar es el Stare Miasto, el casco antiguo, el barrio más viejo de la capital. Recubierta por una muralla medieval, calles aledañas, tiendas y restaurantes con comidas tradicionales. Muchas iglesias, pero una en especial, la iglesia de San Juan, la más antigua de la ciudad. La misma es sede episcopal de la archidiócesis donde fueron

coronados muchos duques. En 1944, bajo el alzamiento de Varsovia fue totalmente destruida luego que un taque alemán detonara con muchos explosivos dentro de la misma.

Continuando por la misma calle, y unos metros más adelante se encuentra el castillo Real de Varsovia, un palacio barroco-neoclásico, que fue hasta 1795 la casa del rey. Hoy en día se exhibe como un museo de la fundación de historia y cultura polaca. Frente al mismo se encuentra uno de los monumentos más viejos e importantes de la ciudad. Se trata de la estatua de Segismundo III, construida en 1644 y nos recuerda el cambio de capital de Cracovia a Varsovia.

Otra de las estatuas que se encuentra sobre la barbacana de la ciudad vieja es el monumento al pequeño insurgente. En recuerdo de todos esos niños que se levantaron en armas para poder acabar con los nazis. La guerra no es diferencial, no importa si eres mujer o hombre, niño a anciano, todos deben luchar.
Aunque se le puso el nombre de "Antek" son muchos los niños que desaparecieron y si te interesa recordar sin poner un nombre, se encuentra a unos 1000 metros la llama del soldado desconocido. Ese fuego que recuerda al hombre y todos los Hombres que lucharon por la libertad sin un nombre.

No olvidemos a aquellos inocentes que murieron en esta ciudad, es necesario recordar a los judíos, quienes fueron confinados en el Gueto de Varsovia, el más grande de Europa. Se estima que había en el mismo unas 400.000 personas (lo que representa el 30% de Varsovia). Tres años más tarde, a consecuencia de los campos de concentración, hambre y enfermedades, quedaban menos de 50.000. Hitler masacro a millones de personas durante la Segunda Guerra Mundial, pero nunca nadie tuvo una solución final para hacer desaparecer una cultura de la faz de la Tierra. Se calculan unos 6 millones de judíos los que murieron en esta época a manos de los nazis. Aún se conserva partes del muro del gueto, aunque la mayoría de los edificios fueron destruidos. Camina hacia la calle Mila 18 y te encontraras en lo que en ese momento fue el bunker y base de operaciones de la resistencia judía (los rebeldes). Su líder Mordechai Anielewicz junto con su grupo de jóvenes y adolescentes se enfrentó a los tanques nazis durante el Levantamiento del Gueto de Varsovia y murió en el lugar. Su cuerpo nunca fue hallado.

Siempre digo que si te interesa la historia de un lugar comienza con el cementerio. Los muertos no hablan, pero murmuran historias. Así que si ya llegaste hasta aquí pasa por el cementerio judío. Un lugar creado en 1806 y que hasta el momento contiene más de 250.000 lápidas. Durante la invasión alemana fue usado como fosa común. En medio del silencio una lápida encima de la otra, muchasde ellas rotas a consecuencia del tiempo y de los bombardeos. Bajo la religión judía el cuerpo debe ser enterrado y nunca exhumado (a excepción de querer llevar el cuerpo a Israel-Tierra Santa). En este cementerio se encuentran, entre otros Zamenhof, judío polaco que fue el creador del idioma esperanto. También cerca del lugar, por la calle de Mordechai Anielewicz se encuentra el museo de la historia judía en Polonia y el monumento al Levantamiento del Gueto de Varsovia.

Polonia tiene muchos palacios y parques muy bonitos pero sobretodo iglesias. Te recomiendo perderte en cualquiera de ellos y deja que el azar te muestre la magia que tiene escondida. Uno de los parques que más me ha gustado fue el parque Agrykola ubicado al sudeste de la ciudad. Antes de llegar al parque pasas por la calle Jazdów y veras una urbanización de casas finlandesas de madera. Las mismas fueron construidas luego de la Segunda Guerra Mundial como pago a la URSS.

El Palacio de Wilanów (el Versalles de Polonia) representa una de las joyas del arte barroco de Varsovia. A pesar de las guerras y la ocupación, el palacio y su jardín han conservado forma original. Aquí te vas a sentir como el rey Juan III Sobieski, vencedor de los turcos en la batalla de Viena que en 1683 detuvo su avance por Europa. El monarca, que en Europa se ganó el apodo de León Sin Miedo de Polonia, residía aquí con su amada esposa Marysieńka.

Y por último te recomiendo que pases por el barrio Praga, al otro lado del río. Es un barrio pobre y antiguo que sobrevivió a la guerra. Se ha convertido en un barrio turístico luego de que el gobierno comenzara a construir centros comerciales y edificios modernos. Podrás también perderte entre las calles y meterte en las entradas de los edificios, veras un barrio muy pobre (pobreza europea) con mucho arte callejero. Lo que si te recomiendo es abrir bien los ojos. Por más que Polonia es un país super seguro, es mejor respetar un poco y estar atento en este lado de la ciudad. Lo más lindo que me paso al llegar allí fue que comenzó a nevar. Ya había estado en lugares con nieve, pero jamás había presenciado la maravilla de ver nevar.

Otro personaje muy querido y recordado en Polonia fue Janusz Korczak, quien fue condecorado de manera póstuma con la Cruz de Caballero de la Orden del Renacimiento de Polonia.

¿Quién fue Janusz Korczak? fue un hombre que prefirió morir por lo que luchaba, los derechos del hombre. Un pedagogo, médico pediatra que camino hacia su muerte en los campos de concentración de Treblinka de la mano de los niños. Como judío pudo salvarse en varias ocasiones, pero no esos niños y él no los iba a dejar solos, ni por un momento. Judío polaco, nacido en Varsovia en el seno de una familia asimilada. Janusz dedicó su vida a los niños, especialmente a los huérfanos. Estaba convencido de que siempre se debía escuchar y respetar a los niños, y esta convicción se reflejaba en su trabajo. Escribió numerosos libros sobre y para niños y condujo un programa de radio infantil.
En 1912 asumió la dirección de un orfanato judío en Varsovia. Cuando estalló la Segunda Guerra Mundial, en 1939 con la ocupación alemana de Polonia, Janusz Korczak se negó a acatar las disposiciones nazis y fue encarcelado por un tiempo. Cuando los judíos de Varsovia fueron obligados a trasladarse al gueto, Janusz Korczak concentró sus esfuerzos, como siempre, en los niños de su orfanato. Sus amigos polacos estaban dispuestos a ocultarlo en el sector *ario* de la ciudad, pero él se negó.

El 5 de agosto de 1942, durante una ola de deportaciones que duró dos meses, los nazis ordenaron la evacuación del orfanato. Janusz Korczak marchó cantando con sus 200 niños hacia el *Umschlagplatz*.

Había notado cierto símbolo parecido al de la SS en cada una de las calles, ventanas y negocios de la ciudad. Resulta que es el símbolo de un rayo como protesta hacia el gobierno por cancelar la ley de aborto legal. Tomando en cuenta que de a poco los polacos por más cristianos que sean, empiezan a respetar menos la autoridad santa de la iglesia. Creo que tardo más de lo necesario para entender las atrocidades que la religión genera. Desde la matanza de mujeres inocentes por brujas, violación a menores de edad, la inquisición española y me quedaría corto con un libro para mencionar cada una de ellas.

PORTUGAL

Aunque no fue el mejor momento de llegar a Lisboa, ni la lluvia ni la pandemia pudo quitar la felicidad en el aire. Me siento cómodo, en una ciudad fascinante, con comida esquicita y personas que te dan la bienvenida. De país a país, cultura tras cultura siempre me quedare con el carácter de las personas. Portugal me recuerda la amabilidad y cortesía que vi en Uruguay. No te miran como un extraño que debe pagar por estar en tierras desconocidas. No te hacen pagar el *derecho de piso*.Sino que te dan la mano y empujón para que te lleves a casa lo mejor de aquí. Un lugar donde, aunque me defiendo bien con el idioma sé que no sería un problema de no hacerlo. Una sonrisa en la puerta de casa negocio. Un simple "gracias" después de cada transacción.

Calles de pequeños adoquines colocados a mano, deliverys de comida en motos deportivas y manifestaciones con respeto. Un país que lucha contra las injusticias y el racismo. Conexión gratuita a internet en cada calle, plaza y ómnibus. Comida y dulces que te abrirán el paladar (como el pastel de nata y las bolas de bacalao) que desearas que no se termine tan rápido. Totalmente una maravilla del mundo.

Una ciudad con las historias más antiguas de Europa. Lisboa es 400 años más vieja que Roma. Ligada a muchas historias que conocemos tras poseer una posición estratégica en la desembocadura del río más largo de península ibérica, el Tajo. Su puerto le era cómodo a los barcos para el reabastecimiento de alimento y productos. Una ruta comercial con África y América. Aunque hubo un episodio trágico en este lugar. En 1755 un terremoto de magnitud 8,4 seguido de un tsunami y un incencio destruyo Lisboa por completo. Lo que dió la oportunidad al Marqués de Pombal, con las riquezas que provenían de Minas Gerais, de reconstruir la ciudad Baixa según un plano regular con grandes avenidas de estilo clásico.

A consecuencia de la pandemia que estámos sufriendo, Portugal tiene toque de queda a la una de la tarde los fines de semana. Lo que me permitió descansar los pies que se habían inflamado un poco después de haber recorrido casi toda la ciudad en un solo día. Entre alguno de los puntos que conoci fue la torre de Belém, uno de los lugares que no podía dejar de conocer. No solo por la historia que tiene, sino que mi padre había estado aquí hace años atrás y debía sacarme la misma foto padre-hijo con diferencia de 17 años.

Hablando de la torre de Belém, tiene mucha historia. Es una construcción militar que se usó como punto de partida de los descubridores portugueses hacia el nuevo mundo. También sirvió como centro de aduana hacia las embarcaciones que querían acceder a Europa o América. De un punto de defensa, paso a ser una cárcel, de allí a ser un faro y por último un punto aduanero.

Cerca de allí se encuentra el Monasterio de los Jerónimos, donde está la tumba de Vasco da Gama, el célebre y navegante portugués que partió hacia el viaje oceánico más largo del momento. Famoso por ser uno de los europeos en llegar a la India.
En pleno corazón del barrio Alfama, se encuentra el castillo de San Jorge. Una fortaleza que lleva más de ocho siglos de historia y se halla en la parte más alta de Lisboa. Entre

callejuelas angostas de piso de adoquín, ropas colgando de cada ventana y una briza que cuenta leyendas de templarios. Moverse por las calles de Lisboa es super divertido y energético. Subidas y bajas. Escaleras de piedra negra y blanca. Músicos callejeros y grafitis que deslumbran color y alegría.

Recuperado con la ayuda de los cruzados, el castillo paso a ser Palacio Real y testigo de muchos acontecimientos históricos tales como la bienvenida a Vasco de Gama a su regreso de la India. Este castillo también pago muy fuerte con el terremoto de 1755 y no fue hasta el siglo XX que comenzaron a restaurarlo.

Cerca de allí se encuentra la Plaza del Comercio, donde estaba ubicado anteriormente el Palacio Real que fue destruido durante el terremoto de 1755. Durante décadas fue la puerta de Lisboa para el comercio marítimo. El Arco Triunfal da Rua Augusta fue diseñado por el arquitecto Santos de Carvalho para celebrar la reconstrucción de la ciudad después del gran terremoto. Su construcción finalizó en 1873 y sus estatuas representan, entre otros, a Vasco de Gama y al Marqués de Pombal. En el medio de la plaza se encuentra una estatua esculpida en bronce por Machado de Castro en 1775 representa a José I, rey portugués que estuvo al mando durante el terremoto de Lisboa.

Lisboa me dejo con las ganas de volver, algo que no es común. Al querer intentar ver el mundo entero, volver a la misma ciudad de un país me quita la posibilidad de poder explorar otro punto en el globo. Pero este no es el caso, creo que hay mucho más aquí que quiero llevarme y no lo he hecho. Entre otras cosas una visita a Sintra. Así que por ahora me despido de Portugal, pero sé que en algún momento de mi vida volveré.

FRANCIA

¿Se acuerdan de Ben, Tintín como le puso mi padre, mi compañero de ruta a lo largo de las montañas del Himalaya? Pues vine a visitarlo a Toulouse (Francia) .Aqui vive y trabaja en la Agencia Espacial Europea, sigue estando encargado de satélites que mandan al espacio. Ha pasado un año desde que nos despedimos en Darjeling por última vez y nos reencontramos en su casa para pasar unos días juntos.
Hace un mes atrás recibí un mensaje de él informándome que había contraído el virus Sars-Cov2 el responsable de la enfermedad Covid-19 de la que tanto se habla ya hace como un año y que hasta la fecha tiene al mundo aislado y alerta. Me conto que parte de los síntomas que tuvo fueron: perdida del olfato y del gusto, pero que con los días se mejoró y ya es un sobreviviente de la pandemia.

A la mañana siguiente que llegué, nos dirigimos en auto junto a su novia y un amigo hacia la frontera con Andorra. Un terreno montañoso y con 40 centímetros de nieve. Plateau de Beille es un sitio con tremendos paisajes, donde niños y ancianos disfrutan de pequeñas caminatas en la nieve. No era la primera vez que veía la nieve, pero si la primera vez caminaba sobre ella entre las montañas. Para hacerlo es recomendable colocarse una especia de raquetas en los champions, ya que, si no, cada paso que des te hundirás en la nieve. El viento soplaba fuerte congelando mis manos, pero el calor corporal y el sol (que aparecía cada tanto) hacia del frío algo pasajero.

Toulouse es una ciudad pequeña y roja. Sus antiguas construcciones siempre tenían el mismo estilo de ladrillos rojos y sin cobertura de cemento. Era como ver el esqueleto de las construcciones. Con sus grandes ventanales cubiertos de madera. Iglesias cada cuadra de por medio, carnicerías y panaderías siempre repletas.

Lo único que sabía de esta ciudad, era más un mito que una realidad, pues se supone que fue aquí donde el conocido personaje de tango, Carlos Gardel, había nacido. O al menos eso es lo que se dice, ya que nunca se pudo confirmar y quedo en la gran disputa si nació en Francia (11 de diciembre de 1890- Toulouse) o en Uruguay (11 de diciembre de 1887). Lo que sé es que acá nadie lo conoce y si se menciona el tango se habla únicamente de Argentina.

Con una población de medio millón de habitantes, Toulouse se posiciona en la cuarta de las ciudades más pobladas de Francia y de las más grandes también. Lleva varias décadas de crecimiento demográfico y eso se debe al clima y a la pujanza industrial como en el sector aeroespacial (donde Ben trabaja).

Muy tempranito del día 19 de diciembre del 2020 me despedí de Ben y me dirigí hacia la central de autobuses de Toulouse rumbo a Montpellier, donde vive mi amiga Coco. Me imagino que se acuerdan de ella. Mi compañera de viaje en Tailandia y con quien habíamos entablado una muy linda amistad.

Creo que ninguno de los dos entendía la idea de que me encontraba allí y que unos días más tarde conocería a su familia en las montañas. En aquella casa de la cual tanto habíamos hablado. Más de 15 años de construcción, usando todo tipo de materiales, pero sacrificando algo mucho más importante: el tiempo de viajar o de estar más con la familia. Pero la meta de su padre es poder terminar el sueño de construir piedra por piedra esa casa, que sería la única herencia para sus tres hijas.

La familia me había recibido en la casa para la navidad, algo que no es común. Esta antigua tradición que nació hace cientos de años atrás se caracteriza entre muchas cosas por estar en familia. A diferencia de Sudamérica que muchos invitados son amigos, parejas o conocidos, en Europa se limita a la familia y a veces solo a los familiares de segundo grado. Pero la familia de Coco ya sabía de mí y de mi aventura con su hija por Tailandia y sabiendo que no tendría con quien pasar la Navidad estuvieron más que contentos en que pasara con ellos. Yo más que agradecido por la invitación. El alojamiento, la comida de mamá, los datos de construcción que me brindo el padre y los juegos con sus hermanas, fueron unos días hermosos en familia.
El idioma no fue una pared entre nosotros, sabiendo que su madre no hablaba ni ingles ni español, su padre intentaba comunicarse en ingles ya que había aprendido un poco en un viaje que realizo a China y sus hermanas que mesclaban el español y el inglés. Pero las ganas de querer entendernos fueron suficiente.

Ya que sus abuelos viven cerca y son personas mayores, la mamá de Coco nos había pedido si podíamos realizar el test PCR (examen para saber si tenemos el virus), algo que me pareció muy adecuado. Entramos en un centro de salud en la ciudad de Montpellier y aunque era únicamente para franceses y con cita previa nos permitieron realizar el test. Un pequeño plástico se introduce por la narina un poco profundo y toma muestras que luego son analizadas en el laboratorio. En la misma noche habíamos recibido el resultado NEGATIVO.

La casa, ubicada en las montañas entre Grenoble y Valencia (Francia), es un paraíso visual. La neblina que cubre a veces por completo, como un manto, el aire puro y fresco, la flora y fauna, pero lo que más llama la atención es la arquitectura de piedra que se puede observar en las películas de época medieval. Los árboles y plantaciones alimentan a la familia, el agua que corre por la montaña y que conectaron con cañerías hace que no tengan que utilizar el agua del Estado (que encima no es pura como esta). Una estufa a leña que calienta toda la casa. Me siento en un sueño. Me gustaría hacer un Control C, Control V, en nuestro terreno de Uruguay.

La navidad que pase allí fue super tradicional y única. Las tres hermanas abriendo los regalitos que Papá Noel había dejado, los padres disfrutando con una taza de chocolate caliente, el arbolito con sus guirnaldas, colores y luces. El famoso pavo al horno y el vino caliente. Todos bailando al ritmo de la música.
La nieve que cubría la montaña nos hacía desear salir a jugar. Por lo que al día siguiente las tres hermanas y yo partimos hacia la cima de una de las montañas más altas, donde se

encontraba todo preparado para esquiar y disfrutar. Allí fue la primera vez que me deslizaba en trineo de nieve. La guerra de bolas de nieve tampoco podía faltar. También ayude al padre cortando leña para el invierno, limpiar el jardín de los abuelos que tenía pedazos de autos antiguos y a cortarle el cordón umbilical a dos ovejas que recién habían nacido.

Casi todos los vegetales que comíamos eran de ellos, aunque también contaban con árboles frutales y de nuez. Hablando de la nuez, el padre me llevo a un pueblito cercano donde procesaban la nuez para producir todo tipo de productos, en especial aceite; una delicia. Primero le sacan la cascara, muelen la nuez, la calientan a 125° y luego la aprietan hasta sacar el aceite. La pasta que queda se usa para hacer harina y la cascara de nuez para el fuego o construcción, por ende, nada de desperdicio. Muchos pueblerinos ya tienen la nuez, pero no las maquinas así que las traen aquí y pagan un dinero para procesarlas.

Otro lugar asombroso de este lugar es el Castillo Rochechinard, construido en los siglos XIV y XV sobre una plataforma rocosa. Las obras de embellecimiento tuvieron lugar por sus sucesores, en los siglos XVI y XVII. Esta singular e imponente fortaleza quedó en la historia como una fortaleza católica durante las guerras de religión. Despreciado incluso antes de la Revolución, el castillo fue parcialmente desmantelado y sus materiales fueron reutilizados para construir algunas casas del pueblo. A pesar de eso, un propietario local, compro el castillo y llevó a cabo una serie de restauraciones. Esto consistió en renovar las vías de acceso y algunos elementos de las murallas. Son tres cosas las que se pueden diferenciar: la casa, una torre de artillería (muralla de dos metros de ancho) y una torre mediana.

Llegué aquí como un casi desconocido, pero me fui como parte de la familia. Fue difícil para todos la despedida. Hasta los abuelos vinieron a despedirse. Pero como lo hable una y mil veces, aunque el dolor este, estoy acostumbrado a esto y es hora de continuar.

La vuelta a Uruguay está llegando. El virus no me deja moverme con libertad y el presupuesto de viajar por Europa es 10 veces más cara que lo que había estipulado para viajar en Asia. Creo que después de todo, ya debo decir: Es hora de volver.

Jamás pensé que volvería a Paris. Había estado por esos pagos hace 7 años atrás (febrero del 2014) en mi primer viaje solitario. Ni la ciudad ni las personas me habían llamado la atención. Había notado mucha negatividad y soberbia. Las calles oscuras y grises. Pero le había prometido a Chiara (aquella francesita que había compartido conmigo un mes durante mi viaje en Sudamérica) que la vería una vez más.
La noche se presentaba lluviosa y vacía. Francia aún estaba en toque de queda después de las 8 de la noche así que tenía que llegar a la casa por mi cuenta. Dos conexiones de metro y allí estaba ella, tal y como la vi la última vez hace tres años. Nada había cambiado, ni su rostro ni nuestra amistad. Habíamos mantenido el contacto durante estos años, pero jamás me había imaginado que el reencuentro sería en Paris.

Al día siguiente, 31 de diciembre del 2020, comenzó la travesía por las calles de "la ciudad del amor, la ciudad luz" esta vez con mejor compañía. Mi gran amiga y una amiga de ella, arquitecta, nos contó mucho sobre la historia de la ciudad. Como un laberinto comenzamos a caminar de un punto a otro. Desde monumentos, parques, edificaciones de gran importancia hasta iglesias. Hablando de iglesias, hay una en especial que me gustaría hacer un comentario: Notre Dame.

Ubicada en la pequeña isla de la Cité y rodeada por las aguas del río Sena se ubica esta iglesia dedicada a la Virgen María. Con un estilo gótico y cuya construcción duró más de 200 años de (1163-1345), la iglesia de Notre Dame es uno de los símbolos más importantes de Paris. Aquí fue coronado Napoleón Bonaparte y fue el escenario principal de la famosa obra *Nuestra señora de Paris* escrita por Víctor Hugo. En el 2014 tuve la oportunidad de ver este lugar ya que el 15 de abril del 2019 un incendio destruyo gran parte de la estructura y hasta el día de hoy está prohibido el acceso.

Se hacia la noche y aún no habíamos hecho las compras para fin de año. Pizzas, quesos y mucho alcohol. Claire (la amiga de Chiara), Chiara, su novio y una amiga de él pasamos una tremenda noche de juegos y risas. El Novio de Chiara y su amiga son originarios de Isla Mauricio, como Sharvani, aquella chica que me conoci en Moscú. Jamás pensé que vería otra persona de aquel rincón del mundo y hoy festejo con dos de ellos.

Está claro que debía pasar una vez por todos esos lugares emblemáticos de la ciudad, tales como: la Torre Eiffel, la verdadera estatua de la libertad, el puente de los candados (que ya no están más debido a su peso y miedo de colapso), la esplanada del museo del Louvre (que jamás lo había visto vacío), el Arco del Triunfo, la avenida de los Campos Elíseos, la catedral Notre Dame y la basílica del Sacré Coeur.

Había quedado en encontrarme con Alex, la francesa que me acompaño en mi aventura en moto hacia Vat Phou en Laos. Un vino caliente y muchos recuerdos se vinieron a mi mente mientras charlábamos junto a su novio. Le conté que había sido de mi viaje y como todo el plan se había truncado por este virus. El frío se hacía insoportable así que un fuerte abrazo y la promesa de volver a vernos en Uruguay o en otro lugar del mundo.

Al día siguiente un tren bala me llevo a Toulouse (la ciudad donde el árabe se escucha más que el francés) llegue en tan solo dos horas y media. De la estación me pude ubicar y caminar sin mapa hacia la casa de Ben que había llegado el día anterior de Bélgica donde paso las fiestas junto a su familia. Deje mis cosas y aproveche para caminar un poco, ya que Ben y su novia estaban trabajando. Para hacer tiempo caminé hasta el río Garona y me senté un rato en paz. Quizás piensen que ese sentimiento es continuo en mi viaje, pero es totalmente el contrario, siempre con planes. Movimiento es vida dijo Brad Pitt en la película Guerra Mundial Z.

La mañana se presentó con una pequeña nevada, lo que para mí era algo magnífico, pero para el viaje que pensaba hacer todo lo contrario. Me encontré con la conductora de Blablacar (un sistema europeo que había utilizado en el 2014 donde puedes por un dinero menor al transporte común dirigirte a tu destino en el auto de un local) y junto a dos pasajeras más comenzamos la travesía hacia Andorra.

ANDORRA

La nieve era espesa y la nevada muy fuerte. Casi no se veía nada y la ruta se ponía peligrosa. El auto no estaba preparado para conducir en la nieve, lo que puso muy nerviosa a la conductora. La misma estuvo todo el camino mencionando la idea de devolverme el dinero y pagarme un alojamiento en el camino ya que no creía que lograría llegar al destino. A unos 50 km por hora y persiguiendo al camión que despeja la nieve del camino, logramos llegar a Pas de la Casa (el primer sitio en Andorra luego de pasar la frontera). Allí las dos chicas se bajaron hacer compras, ya que Andorra es libre de impuestos y la diferencia de precios con Francia es llamativa. La conductora estaba un poco positiva y me dijo que intentaría llegar a Andorra la Vieja (la capital). Aún quedaban unos 30 kilómetros para llegar. A unos 300 metros de partir nos topamos con un camino resbaladizo y el auto comenzó a zarandearse, así que la mujer me dijo que no podría llegar, pero que me facilitaría un alojamiento. Sabiendo que todos los autos que vienen por este lado hablan francés, le pedí que me ayudara a comunicarme con algún conductor y preguntar si me podría alcanzar hasta la capital. El primero auto 4x4 frenó y al preguntar por primera vez, lo dudo, y es claro que con esta situación de contagios con el virus nadie quiere tomar riesgo. Pero el hombre junto a su mujer me permitió subirme y así llegue a Andorra la Vieja.

Con tan solo 70 mil habitantes, Andorra logró su independencia en 1993 y vive casi totalmente del turismo todo el año, centro de esquí o practicas de senderismo en verano. Aunque el idioma oficial es el catalan, aqui se habla. Otros idiomas que se manejan es el frances y el español. Este principado entre montañas y valles, es conocido por ser libre de impuestos , lo que atrae a inversores y a pequeños compradores de tabaco, alcohol y perfume.
No es necesario venir en auto o hacer esquí para venir aquí. El mismo cuenta con ómnibus que te traslada de un lugar a otro sin problema. Siempre tendrás algún treck fácil de acceder. Entre muchos paseos te recomiendo el Rec del Sola, un camino fácil de llegar y donde podrás caminar al costado de la montaña y disfrutar de la vista de toda la ciudad y del Pirineo.

El país ocupa el puesto 17° entre los países más pequeños del mundo, con una altitud de 1022 metros sobre el nivel del mar, lo que la convierte en la ciudad europea a mayor altura. Por más que la moneda oficial es el euro, el principado no forma parte de la Unión Europea y su defensa es responsabilidad conjunta de España y Francia.

Las personas super amables te harán sentir cómodo y la ciudad te atrae con su paisaje y sus precios. Los diseños de los monumentos llaman la atención, tal como el reloj blando de Dalí, ubicado al lado del río Valira. El nombre exacto es *"La nobleza del tiempo"*, mide casi 5 metros y pesa unos 1400 kg. Una obra que perteneció al secretario personal de Dalí y que fue donado a la ciudad.
La casa del Valle es la antigua sede del Parlamento de Andorra, un edificio del 1580, tiene una estructura similar a las masías catalanas y que se muestra como edificación defensiva.

Cerca de allí se encuentra un conjunto de esculturas que me llamaron mucho la atención pero que luego me enteré que en Niza se encuentra la misma. Se trata de 7 esculturas de 2 metros situada en mástiles de unos 10 metros de altura. El artista Jaume Pensa quería representar a 7 poetas por las 7 parroquias de Andorra. Junto a la misma se ubica la iglesia de Sant Esteve con su estilo romántico del siglo XII.

Al otro lado de la ciudad te encontraras con la Avenida de Meritxell, la calle de las compras. Todas las marcas que conoces estarán allí y te asombrara los precios. O al menos a los europeos que vienen con precios más elevados. En una línea de más de 10 kilómetros y unas 1500 tiendas y centros comerciales. Electrónica, alcohol, ropa, tabaco (algunos de ellos producidos aquí), perfumes etc,etc. Y a pocos metros una edificación de espejos muy bonita. Se trata de la Torre Picuda del centro termal Caldea, uno de los lugares de mayor atractivo en la capital. Un balneario de aguas termales que atraen a miles de turistas al año.

Walter es un voluntario en el hostal donde me estoy quedando. Nacido en Andorra y de descendencia filipina me comenta como este pequeño país maneja al menos 4 idiomas. Teniendo en cuenta que el mayor turismo viene de Francia y España los lugareños aprenden el idioma ya que es fácil para comunicarse y hacer negocios. Por otro lado, está el inglés como idioma internacional y el catalán que es la lengua nativa. Walter se nota preocupado y me comenta que el catalán se está perdiendo, quizás verás carteles en el idioma, pero no lo escucharas mucho en la calle.

Mi último día en Andorra lo aproveche para hacer un pequeño treck en las montañas. Había un punto en la mitad donde tendría una vista panorámica de toda la ciudad, pero lo que no había tomado en cuenta era que toda la montaña estaba protegida con una planta de espinas que atravesaban la ropa y te dejaban atrapado, pero luego de unos kilómetros de trepar llegué. Techos de láminas de piedra fina y una vista del Pirineo fue más que placentero para tomarme unos minutos antes del descenso.

Con una temperatura de - 10 grados celcius, tempranito caminé hasta la esquina del hospital ubicado a unos kilómetros del hostal donde me encontraría con la conductora de blablacar rumbo a Barcelona.
Luego de recoger a una chica argentina en el camino, el auto se detuvo en la aduana española. El hombre tomó mi celular (donde tenía el ticket de vuelo) y mi pasaporte y con poca paciencia me lo devolvió y cerró la ventanilla con fuerza. ¡Bienvenidos a España!

ESPAÑA

Barcelona me dejó confundido, mucho había oído hablar de esta ciudad. Pero me ha defraudado. Más que un lugar amante de los perros y una ciclovía de punta a punta, no hay nada que me la diferencie tanto de Montevideo (mi ciudad), también fundada por españoles. Mismas baldosas, ambiente y hasta los mismos árboles (platano). Cuenta con un metro súper caro para el turista, playas de arena gruesa y un ciudadano cerrado de cabeza. Mis amigos aquí mencionan a Barcelona como una ciudad racista y cerrada para todo aquel que hable español.

Más allá que la estructura de aquí es única en su tipo y facilita las labores a los transportistas y repartidores para no molestar al tráfico, resulta más difícil el movimiento al peatón. Octógonos perfectos generan que el peatón tenga que girar en diagonal, cruzar y volver a hacer una diagonal para cruzar cada calle.

Tenía información de lo llamativo que es en Barcelona su cementerio. Algo que jamás había visto en mi vida. Gigantesco, organizado y transitable por los vehiculos. El cementerio fue inaugurado el 17 de marzo de 1883. Este recinto vino a suplir el problema que tenía Barcelona con la falta de espacio en los pequeños cementerios de barrio repartidos por la ciudad, que por una parte ya no podían crecer debido a la presión urbanística de sus alrededores y, por otra, habían agotado su capacidad de inhumación. Hasta el 2002 el cementerio poseía unas 160.000 lapidas.

Uno de los símbolos más importantes de Barcelona es el modernismo catalán de Antoni Gaudí, quien entre muchas obras marco la mejor de ellas con el diseño de La Sagrada Familia. La iglesia más alta del mundo y la segunda más visitada en Europa. Aunque, al estar fianciada solo por los donativos de los fieles, lleva más de 150 años en construcción. Es el símbolo de la ciudad y posee una capacidad para 9000 personas.

El hostal donde me alojé en esos días estaba vacío, 4 voluntarios (2 uruguayos) y 2 guests (incluyéndome). Pero ese día había llegado un hombre de apariencia árabe. Cuando se presentó en el área común, aproveche para preguntarle de donde venia, a lo cual respondió: Gaza.

Eso llevo a una muy interesante charla de muchas horas, intentando entender el conflicto con Israel, el colonialismo, la religión y otras cosas. Pero al momento que Alá defendió el régimen terrorista de Hamas, sumado a que cada comentario lo adjudicaba con la religión, ya no hubo más que discutir. Aunque le agradecí mucho por compartir conmigo su opinión, sabiendo que hace unos 7 años atrás su hermano y su padre murieron durante la guerra del 2014 (cuando Israel entro por última vez a Gaza). Había mucha tensión en el ambiente, aunque creo que intentaba hacer entender que defiendo la construcción de Palestina como país y que el problema es que hay personas muriendo. Alá menciono al rey David como islámico y que, por eso, el territorio era de ellos. Yo creo que, poniendo esa idea absurda al costado, al hombre le falta años de estudio y entendimiento de cómo se creó este mundo colonialista. Pero mencionar al rey David, a Jesús y a Abraham como islámicos cierra la idea de debate, así como también lo es al decir que Mahoma fue el último mensajero de dios con la última palabra.

La última noche quede con Rodrigo (un argentino con quien había compartido unos días en Myanmar) en tomarnos unos mates antes de que me vaya. Hace ya casi un año que vive aquí y fue uno de los que manifestaron su descontento con la ciudad.
"Cuando era joven quería estudiar arquitectura en Barcelona, me resultaba un lugar maravilloso y rico para aprender. Pero en Argentina la universidad también es pública así que aproveche eso. Cuando terminé la carrera cumplí mi sueño y me vine para Barcelona. No solo me sentí defraudado, sino que también me sentí apartado. El catalán tiene una mentalidad muy cerrada hacia su origen hispánico y de cierta forma siento que no quieren a los sudamericanos por aquí".

Luego de unos mates agarre mis cosas para volver al hostal, ya que el toque de queda por el covid es a las 10 de la noche y podría ser visto por la policía y pagaría una multa de 600 euros. Pero Rodrigo insistió en que me quede a comer pizza y tomar una copa de vino. Eran las 11 y media de la noche cuando llegue al hostal sin problema ya que el metro fue de puerta a puerta.

Habíamos quedado con el conductor de blablacar en encontrarnos a las 12:30 en la estación Sants, pero apareció recién a la 1 de la tarde mientras la lluvia no mostraba darnos un respiro. Otras dos pasajeras, colombianas se subieron a la camioneta 4x4 blanca y partimos hacia Madrid. Era sábado y España no permitía el paso entre estados, pero la esperanza de que la policía no nos parará en el camino y que nuestro justificativo sea válido nos dejó más tranquilos.
Ninguno de los cuatro había escuchado las noticias de que Madrid sufría una tormenta de nieve que no sea veía desde hace 60 años. Muchos de los accesos a la capital se habían cerrado.

Entonces lo comenzamos a ver la carretera tapada en nieve y casi no se veía nada. El conductor manejaba como un loco (llegando a los 180 kilómetros por hora) y sin mirar la ruta. Estaba más pendiente de la música, su cigarrillo y el WhatsApp que de nuestra seguridad. El auto patinaba mucho y el hombre no le daba importancia.
Teníamos miedo de decirle algo y quedarnos atrapados en el medio de la nada, con temperaturas bajo cero, sin teléfono y nadie que pasara a recogernos. Autos y camiones abandonados en la mitad de la ruta, se habían quedado atrapados y de algún modo dejaron los vehículos y se fueron.

Un cartel de "cadena en las ruedas obligatorio" nos alejó del camino. Ni él ni yo habíamos colocado las cadenas antes y el instructivo no era de mucha ayuda. Nos tomó media hora colocarlas y unos 15 minutos en que se rompieran.

Sin seguridad, la música a todo volumen y el carro a toda velocidad continuamos la ruta de 600 kilómetros. Nos tomó unas 7 horas llegar a la entrada de Madrid, pero el paso a la ciudad era imposible, así que cogí mi mochilera, mi mochila y comence a entrar en Madrid caminando entre la nieve. Era como estar en la película "El día después de mañana". La capital estaba completamente bajo nieve y nadie podía moverse. Al menos los niños se divertían en la calle haciendo muñecos de nieve y los grandes se ponían a esquiar en plena avenida. El aeropuerto se había cerrado y no había señal de algún auto moviéndose. Los verdaderos héroes eran los camiones que limpiaban la nieve y que no daban a abasto, aunque estaban interesados en limpiar los accesos al hospital y seguramente las pistas del aeropuerto.

Luego de unos kilómetros a pie, logre llegar al hostal donde un cigarrillo y una buena bienvenida me ayudo a bajar las revoluciones y el corazón que lo tuve en la boca por 7 largas horas. Recuerdo unos años atrás cuando junto a mi hermano y mi madre cruzamos el desierto del Sinaí (Egipto) en la noche. El conductor de unos 80 años se dormía al volante, tenía nuestros pasaportes y jugaba con las luces prendiendo y apagando en plena carretera nocturna. Los controles militares nos frenaban cada tanto y la explicación que le daba el conductor a los soldados no era para nada real. No hablaba ni una palabra de inglés y miraba a mi madre con ojos de violador. Créanme que la ruta hacia Madrid, en medio de semejante temporal, me tuvo con más miedo que esa otra historia. De verdad pensé que moriría.

Creo que, aunque gracias a eso pude llegar a Madrid, lo único positivo que intento hacer el conductor se vió opacado por otra de sus idioteces. Ya que cerca de Monte Perdido (Huesca), en los Pirineos se ubica el meridiano de Greenwich. En el lugar se encuentra un arco que indica por donde pasa el meridiano cero. A segundos de pasar el conductor dijo que pidiéramos un deseo, cosa que halle lindo, aunque al mismo tiempo estaba tirando toda su basura por la ventana.

Madrid no es más que otra ciudad europea. Pero la verdad es que si hablamos de historia este lugar no es muy lindo que digamos. Cerca de aquí fue donde la reina Isabel de Castilla financió a Colón y después la catolización de todos los indígenas en América. Es aquí donde juegan con el toro hasta matarlo para consumir su carne y fue aquí donde tuvo la sede una dictadura militar que libró a España del comunismo soviético y que duró 40 largos años. Desde la epoca musulmana en la que se fundó, fue cambiando y modernizándose con el tiempo, pero nada que llame me llamara la atención.

En mis últimos días de viaje estuve más pendiente de tener todo el papeleo y pruebas para entrar a Uruguay que disfrutar de la ciudad. Igual no había mucho que hacer teniendo en cuenta la nieve en las calles. Aunque la caca de perro se veía por todos lados, los ciudadanos españoles ayudaron al gobierno con la limpieza. A pico y pala, día tras día.

EPÍLOGO

Entonces luego de 489 días de travesía, hemos llegado al final del viaje. Acá cierro un ciclo de vida, un aprendizaje maravilloso y una aventura más que contar. Un poco de tristeza y frustración de que mi viaje se había cancelado a la mitad, pero contento de todo lo que aprendí y me pude llevar. De cada experiencia en los distintos países donde me encontré, a pesar de la situación medio caótica de este virus que apareció de la nada y que cambió al mundo por completo, pude seguir viajando y aprendiendo por un largo tiempo hasta que las cosas de la vida me dijeron que era hora de volver. Que cada paso que daba generaba más complicaciones que resultados positivos. Así que un año y cuatro meses fue más que suficiente para poder llevarme conmigo muchas cosas nuevas y gracias a eso hoy las puedo compartir con ustedes.

Volver no fue fácil, más en tiempo de pandemia. Lo que tampoco fue fácil es llegar luego de 7 años al país y no podes ni siquiera abrazar a tu familia ni a tus amigos. A un hermano que por miedo al virus espera una larga semana para poder reencontrarte y abrazarte. A tu mejor amigo que te habla y saluda desde la puerta del auto.

No poder salir a caminar, a conocer los cambios de tu país. No poder ni siquiera ir al supermercado o a la esquina de tu casa. Bueno, poder puedo, más sabiendo que el virus seguramente ya lo pasé y que tres resultados negativos lo comprueban. Pero la legalidad en este momento choca más y el miedo de una penalización tan solo por cruzar la calle me asusta más que el contagio mismo.

Pero volviendo al viaje, espero que cada una de mis experiencias enriquecedoras les hayan movido algún pelo. Creo que no es algo que se ve todos los días. Pero por otro lado quiero que entiendan que nada es imposible, mientras se lo propongan. Cuando era niño jamás me hubiese imaginado llegar a donde llegué. Pero colocando piedra tras piedra construí esta vida de aventuras, que costaron tiempo, esfuerzo y salud, pero que gané algo que nadie jamás me lo podrá quitar. Me abrió los ojos hacia el mundo y la vida. Me mostro un camino grandioso, donde cada puerta que abres es un mundo nuevo.

Siempre tendrás personas que te dirán que todo es imposible, que debes poner los pies en la tierra. ¿Y por qué mejor no ser utópicos y volar? ¿Por qué no romper todos esos estereotipos que las sociedades construyeron más para el control que para su función? Ya existen millones de personajes en este libro de la vida, creo que es tiempo que los escritores se revelen y cambien el mundo. Pero para eso primero hay que abrir los ojos y que mejor para abrir los ojos que viajar.

Hoy cierro una etapa, un libro, una aventura. Pero también es hoy que comienzo a planear otra más. ¡Aún nos queda mucho más que explorar!

Gracias por leerme, gracias por escuchar y comprender. Compartamos nuestras ideas y abramos nuestras cabezas a diferentes opiniones, no crecerás monetariamente, pero si como persona. Así es como yo defino colocar los pies en la tierra.

CONSEJOS PARA VIAJEROS

CONSEJO Nº1: TOMARSE LAS COSAS CON CALMA, NO ES NUESTRO PAÍS, NUESTRA CULTURA Y A VECES NI SIQUIERA NUESTRO IDIOMA Y ESO ASUSTA. PERO RESPIRA. PROFUNDO Y NO PIERDAS LA CALMA. PIENSA LAS COSAS CON CLARIDAD. PONGAN MÚSICA SI ES NECESARIO. AL FIN Y AL CABO, ESA ES LA IDEA DE LA AVENTURA.

CONSEJO Nº2: MENTE ABIERTA, DESDE EL GUSTO DE SU PALADAR HASTA CON LAS PERSONAS. BUSCAMOS CONOCER Y NO QUEDARNOS EN NUESTRO CIRCULO. NOSOTROS NOS AMOLDAMOS A LAS COMODIDADES Y NO ELLAS A NOSOTROS. INTENTAR NO CUESTA NADA Y COMUNICARSE SE PUEDE HASTA CON LAS MANOS.

CONSEJO Nº3: NO SOMOS MUDOS, VINIMOS A CONOCER. SAL DE TU TIMIDEZ Y PONTE A DIALOGAR CON CADA PERSONA QUE PUEDAS. NO TE OLVIDES QUE CADA CABEZA ES UN MUNDO Y CADA MUNDO UNA HISTORIA. EL IDIOMA ES MUY IMPORTANTE. NO SOLO NOS AYUDA A COMUNICARNOS, TAMBIÉN NOS CONECTA.

CONSEJO Nº4: A MADRUGAR SE DIJO. VINIMOS A EXPLORAR NO A DORMIR, ASÍ QUE INTENTEN APROVECHAR AL MÁXIMO CADA HORA. CUANTO MAS VEAMOS MAS PODREMOS TRANSMITIR. EN EL INVIERNO LA LUZ SE VA MUY TEMPRANO Y SI NOS LEVANTAMOS TARDE NO PODREMOS ADMIRAR LA BELLEZA DEL LUGAR A LA LUZ DEL SOL.

CONSEJO Nº5: LAVADO DE ROPA, CUANDO SE QUEDEN VARIOS DÍAS EN UN LUGAR DETERMINADO APROVECHEN PARA LAVAR TODO LO POSIBLE. EN ESPECIAL LA ROPA INTERIOR. LA ROPA MAS PESADA COMO LOS PANTALONES, BUZOS Y CAMPERAS ES RECOMENDABLE USAR UNA MAQUINA DE LAVADO Y SECADO YA QUE ES DIFICIL QUE SE SEQUE ESTE TIPO E VESTIMENTA.

CONSEJO Nº6: VIAJA BARATO, EL TAXI SIEMPRE ES LA OPCIÓN MAS FÁCIL, AUNQUE ASÍ NO SOLO TE PIERDES DE LA AVENTURA DE RECORRER EL LUGAR COMO TODO UN TROTAMUNDOS, SINO QUE LA DIFERENCIA MONETARIA ENTRE UN TAXI Y EL SISTEMA PUBLICO ES CASI SIEMPRE DOS O TRES VECES MAS CARO

CONSEJO Nº7: LA SALUD EN LOS DISTINTOS PAÍSES. ES CLARO QUE NUESTRO ORGANISMO NO ESTA ACOSTUMBRADO A LAS DISTINTAS COMIDAS Y CONDIMENTOS DE MUCHOS PAÍSES, ASÍ QUE CUANDO LLEGUES A UN PAÍS INTENTA INTRODUCIR ESTOS ALIMENTOS DE A POCO. DALE TIEMPO A TU CUERPO A PROCESAR EL CAMBIO. BON APPETITE

CONSEJO Nº8: SOMOS TURISTAS, NO BOLUDOS. CUALQUIER LUGAR DEL MUNDO TE VERA DISTINTO Y TENDRÁS UNA TARIFA DIFERENTE (CLARAMENTE MAS ALTA). ASÍ QUE SI TIENES ALGUIEN QUE PUEDA DECIRTE CUAL ES EL "PRECIO JUSTO" TE AYUDARA MUCHO A

ECONOMIZAR. NO TE DEJES ESTAFAR. SIEMPRE SERA MENOS DE LA MITAD DEL PRECIO.

CONSEJO Nº9: LAS COSAS NO SON MALAS O BUENAS, SIMPLEMENTE SON DIFERENTES. ENCONTRARAS MUCHAS CULTURAS QUE SERÁN MUY OPUESTAS A LO QUE TU CONOCES COMO HABITUAL. TE ENOJARAN CIERTAS ACTITUDES O GESTOS DE LAS PERSONAS, PERO NADA DE ESTO DEBES TOMARLO COMO ALGO MALO, SINO ALGO DISTINTO. NOS DIFERENCIA LA CULTURA PERO SEGUIMOS SIENDO SERES HUMANOS.

CONSEJO Nº10: COMIDA CALLEJERA. QUIZÁS EN EUROPA Y HASTA EN SUDAMÉRICA CONSUMIMOS MUCHA COMIDA DE LA CALLE. EL PRECIO ES MUY BARATO Y ASÍ EXPERIMENTAMOS LA COMIDA LOCAL. PERO EN ASIA, POR EJEMPLO, COMER COSAS DE LA CALLE ES TODO UN RIESGO. EL NIVEL DE HIGIENE ES MÍNIMO O NULO. NUESTRO SISTEMA INMUNOLÓGICO NO SOPORTA TANTA CANTIDAD DE BACTERIAS, Y ASÍ ES MAS FÁCIL ENFERMARNOS.

CONSEJO Nº11: SABER DECIR NO. EN ESPECIAL CON LOS VENDEDORES AMBULANTES. ASÍ COMO UN BOMBERO SABE EXTINGUIR EL FUEGO ESTOS PERSONAJES TIENEN EL DIPLOMA DE SABER COMO VENDERTE ALGO. AL PRINCIPIO TE PREGUNTARAN TU NOMBRE O TE ELOGIARAN TUS MÚSCULOS, PERO AL FINAL SOLO QUERRÁN VENDERTE ALGO. SABER DECIR NO ES MUY IMPORTANTE Y HASTA ALGUNAS VECES NI RESPONDER, O TE VOLVERÁS LOCO.

CONSEJO Nº12: ENTRA EN SU CASA. SI TIENES LA OPORTUNIDAD DE HOSPEDARTE CON ALGUIEN DEL LUGAR HAZLO. ALLÍ PODRÁS EXPERIMENTAR SUS COSTUMBRES Y ENTENDER MAS SU DÍA A DÍA. SIEMPRE CON RESPETO HACIA SUS REGLAS AUNQUE SEAN DIFERENTES.

CONSEJO Nº13: TOMA MUCHA AGUA. EL CLIMA AUNQUE PAREZCA A NUESTRO VERANO, PRIMAVERA, OTOÑO O VERANO NO ES EL MISMO. BEBER MUCHA AGUA Y MANTENERNOS HIDRATADOS A TODO MOMENTO PARA PODER DISFRUTAR Y NO SENTIRNOS MAL.

CONSEJO Nº14: NO LLEVES MUCHA ROPA. AUNQUE QUIERAS COMBINAR O PIENSES QUE TE HAS QUEDADO CORTO, LA RUTINA DE LAVAR LA ROPA SE HARÁ MUY COTIDIANO Y TE DARÁS CUENTA QUE EL PESO QUE ESTÁS CARGANDO POR COSAS QUE NO ESTÁS USANDO ES UNA MOLESTIA.

CONSEJO Nº15: APRENDE IDIOMAS. OBVIAMENTE NO SABRÁS HABLAR UN IDIOMA EN POCO TIEMPO PERO APRENDER UNA BASE TE AYUDARÁ A CONECTAR. LAS PALABRAS "HOLA" Y "GRACIAS" PODRÁN VINCULARTE ESTÉS DÓNDE ESTÉS.

CONSEJO Nº16: ESCUCHA A TU CUERPO. AUNQUE NO LO CREAS NUESTRO CUERPO NOS

HABLA Y MUCHAS VECES NO LO QUEREMOS ESCUCHAR. ANTE CUALQUIER DOLOR O CAMBIO EN TU SISTEMA FRENA UNOS SEGUNDOS Y ANALIZA.

CONSEJO Nº17: EL QUE BUSCA ENCUENTRA. CUANDO LLEGAS A UN AEROPUERTO O A UNA TERMINAL DE ÓMNIBUS LO PRIMERO QUE VERAS SERA UNA LARGA LINEA DE TAXIS QUE AL PREGUNTAR SU TARIFA TE MIRARAN Y PENSARAN UNOS SEGUNDOS HASTA QUE UNA CIFRA MAL PINTADA SALDRÁ DE SU BOCA. PUES NO, EN LA MAYORÍA DE ESTOS LUGARES TAMBIÉN SE CUENTA CON SUBTE, TREN U ÓMNIBUS QUE TE DEJARAN EN TU DESTINO O CERCA DEL MISMO. SE QUE ESTAS CANSADO PERO ESA SERÁ LA DIFERENCIA ENTRE PAGAR VEINTE A UNO.

CONSEJO Nº18: VE MÁS ALLÁ DE SUS OJOS. UN GESTO O UNA EXPRESIÓN EN EL ROSTRO NOS PUEDE DISTRAER DE LA VERDAD, PERO LA MIRADA NUNCA MIENTE. MUCHAS VECES PODEMOS MAL ENTENDER UNA MIRADA POR EL SIMPLE HECHO DE SER DIFERENTES. PUES LO INVITO A CAMBIAR. A VECES NO ES LA EXPRESIÓN QUE BUSCÁBAMOS YA QUE LA MISMA SE MANTIENE OCULTA ENTRE LA DUDA Y LA VERGÜENZA. SONRÍE Y VERÁS LA MÁS REAL Y HERMOSA SONRISA QUE JAMAS DE HAN DADO.

CONSEJO Nº19: RELAJA Y DESCANSA. A VECES PENSAMOS QUE PORQUE ESTAMOS DE VACACIONES Y ESTAMOS DISFRUTANDO NO NOS CANSAMOS. LAS AVENTURAS Y TRAVESIAS NOS VAN AGOTANDO FÍSICA Y PSICOLÓGICAMENTE SIN QUE NOS DEMOS CUENTA. VINIMOS A PASARLA BIEN, ASÍ QUE, SI TIENES QUE TOMARTE UNOS DÍAS SIN HACER ABSOLUTAMENTE NADA ESTARÁ PERFECTO. ASÍ EL NUEVO DESTINO LO COMENZAREMOS CON NUEVAS ENERGÍAS.

CONSEJO Nº20: MANTENTE COMUNICADO. EN CUALQUIER PAÍS QUE VAYAS PODRÁS CONSEGUIR UN CHIP LOCAL MUY BARATO QUE PODRÁS RECARGAR CON INTERNET. ESTO NO ES PARA QUE ANDEMOS CON EL CELULAR LAS 24 HORAS PERO SI POR CUALQUIER EMERGENCIA. ALLÍ PODRÁS USAR EL TRADUCTOR, RESERVAR UN ALOJAMIENTO O PASAJE DE ÓMNIBUS.

CONSEJO Nº21: MULTI NACIONALIDAD. TENER MÁS DE UN PASAPORTE ES LEGAL, SIEMPRE Y CUANDO ENTRES Y SALGAS CON EL MISMO. AHORA SI, TEN EN CUENTA QUE MUCHOS PAÍSES (EN SU MAYORÍA TERCERMUNDISTAS), EN LOS PASOS FRONTERIZOS NO ACEPTARAN ESO Y QUEDARA EN TI ARRIESGARTE O NO.

CONSEJO Nº22: PLAN B. NO TODO SIEMPRE SALE COMO QUEREMOS Y A VECES PASAN COSAS QUE CAMBIAN ROTUNDAMENTE NUESTROS PLANES Y NOS DEJA ESTRESADOS Y CONFUNDIDOS. TENGAMOS SIEMPRE UN PLAN AL COSTADO PARA POR LO MENOS SEGUIR DISFRUTANDO.

CONSEJO Nº23: NUNCA SOLO. MUCHAS VECES NOS PASA EN ESTE TIPO DE VIAJES QUE NOS EMPEZAMOS A BAJONEAR, A PREGUNTARNOS SI QUIZÁS YA FUE SUFICIENTE. ESOS DÍAS SEGURAMENTE TE PASEN CUANDO ESTÉS SOLO O EN MALA COMPAÑÍA. ESOS DÍAS TE PASARAN EN LUGARES DONDE NO ESTAS CÓMODO. CUANDO ESO PASE TE RECOMIENDO CAMBIAR DE AMBIENTE O DE GRUPO. NO DEJES QUE LAS MALAS EXPERIENCIAS TE QUITEN LAS GANAS DE SEGUIR VIAJANDO.

CONSEJO Nº24: SONRÍE. PRIMERO QUE NADA PORQUE SONREÍR NOS DA Y TRANSMITE A LOS DEMÁS BUENAS ENERGÍAS. POR OTRO LADO RECUERDEN QUE NO SOMOS LOCALES, Y QUE MÁS LINDO QUE MOSTRARLES A ELLOS QUE VIENES A CONOCER SU PAÍS Y NO A APROVECHARNOS DEL MISMO.

CONSEJO Nº25: ESTRÉS DE VISA. LAS VISAS PARA ENTRAR A LOS DIFERENTES PAÍSES PUEDEN SER EN MUCHOS CASOS EL PUNTO DE ENOJO EN TU TRAVESÍA. CADA LUGAR CON SUS REGLAS, TIEMPOS Y SOBRE TODO DINERO. AVERIGUA SIEMPRE DE ANTE MANO TODOS LOS REQUISITOS QUE PRECISAS PARA OBTENER LA VISA. NO ES UN "ENTRO Y PAGO" NI ALGO QUE DEBES HACER DE UN DÍA PARA OTRO. HOY EN DÍA, GRACIAS A INTERNET, EXISTEN LAS E-VISAS, QUE PUEDES SACARLAS A TRAVÉS DE LA WEB CON TIEMPO Y A VECES HASTA MÁS ECONÓMICO. LAS EMBAJADAS Y CONSULADOS SON OTRA OPCIÓN, TE PROPORCIONARAN LA VISA MÁS RÁPIDO PERO A UN PRECIO MÁS CARO.

CONSEJO Nº26: CUIDADO CON LA POLICÍA. GENERALMENTE SON ELLOS QUIENES DEBERÍAN CUIDARTE Y MOSTRAR RESPETO, AUNQUE ESE RESPETO SE CONVIRTIÓ EN UNA MUY MALA AUTORIDAD EN MUCHOS PAÍSES. BUSCARAN LA FORMA DE TIMARTE Y SACARTE ALGÚN DINERO. DESDE PASANDO UNA FRONTERA HASTA ACUSÁNDOTE DE ALGO QUE NO HAS HECHO. NO MUESTRES MUCHA RESISTENCIA POR ALGUNOS POCOS DÓLARES, QUE SI QUIEREN TE HARÁN PASAR UN MAL MOMENTO.

CONSEJO Nº27: APRENDE A MANEJAR. POR LO MENOS UNA MOTO AUTOMÁTICA. NO ES MÁS QUE UNA BICICLETA CON MOTOR. EN TODO EL SUDESTE ASIÁTICO SERÁ LA HERRAMIENTA PARA CONECTARTE CON CADA LUGAR. LA MAYORÍA DE BELLEZAS NO QUEDAN EN LA CIUDAD O EN EL PUEBLO SINO EN LAS AFUERAS Y PARA ELLO ES NECESARIO UNA MOTO. NO ES NECESARIO TENER UNA LICENCIA DE CONDUCIR PERO SI ES PREFERIBLE POR SI ALGÚN POLICÍA TE FRENA.

CONSEJO Nº28: PAGAR BARATO TIENE SU PRECIO. UNA DE LAS MANERAS MÁS BARATAS DE ALOJAMIENTO SON LOS HOSTALES. ESTOS LUGARES CUENTEN CON HABITACIONES COMPARTIDAS DE HASTA 16 PERSONAS O MÁS. DORMIR ALLÍ SERA MUY ECONÓMICO PERO PARA ESO DEBES ADECUARTE A LAS REGLAS DE LOS DEMÁS. NO PIENSES QUE TODOS RESPETARAN TU SUEÑO, EL SILENCIO O LA LIMPIEZA. NO VINIMOS A PELEARNOS, ASÍ QUE SERA SOLO PARTE DE LA EXPERIENCIA.

CONSEJO Nº29: SIN ATADURAS. VENIR A UN VIAJE DE ESTE TIPO PUEDE TORNARSE MUY DIFICIL CUANDO DEPENDES DE ALGO O ALGUIEN. MI CONSEJO ES QUE VENGAS CON LA MENTE BIEN ABIERTA A CONOCER Y COMPARTIR CADA EXPERIENCIA. QUE NADA TE LIMITE.

CONSEJO Nº30: QUE EL AMOR NO TE CAMBIE. EN EL VIAJE CONOCERÁS MUCHAS PERSONAS Y CONECTARAS CON OTRAS. PUEDE QUE TE ENAMORES O TAN SOLO QUE COMPARTAS UNA LINDA HISTORIA. EL AMOR NOS PUEDE CAMBIAR. RECUERDA QUE ES TU VIAJE, TU SUEÑO. NO DEJES QUE NADA LO ARRUINE.

CONSEJO Nº31: REFLEXIONA. TOMARSE UN TIEMPO PARA ENTENDER LO QUE ESTAMOS VIVIENDO ES MUY IMPORTANTE. ORGANIZAR LAS IDEAS EN NUESTRA CABEZA Y ASÍ PODER INCORPORAR MÁS. DESDE QUE NOS LEVANTAMOS HASTA QUE NOS VAMOS A DORMIR ESTAMOS VIVIENDO CAMBIOS. DATE EL TIEMPO DE ENTENDERLOS ANTES DE SEGUIR.

CONSEJO Nº32: OFICIALMENTE ERES UN MÉDICO. EN VIAJES LARGOS SERÁS ENCARGADO DE CUIDARTE. NO TENDRÁS A UN FAMILIAR O AMIGO QUE ESTE CONTIGO. A MENOS QUE TENGAS UNA EMERGENCIA DEBERÁS SER TU PROPIO MÉDICO. EMPACA UN BOTIQUÍN CON PASTILLAS Y MEDICAMENTOS PARA TODO TIPO. APRENDE DE ANTE MANO PARA QUE SIRVE CADA COSA.

CONSEJO Nº33: NADA DE RUEDITAS. NO VIAJAMOS CON UNA VALIJA Y MENOS CON RUEDITAS. PRINCIPALMENTE PORQUE NOS MOVEMOS MUCHO CAMINANDO. LAS RUEDAS SE ROMPEN CON FACILIDAD Y NO ESTÁN ADECUADAS PARA TODOS LOS CAMINOS. UNA MOCHILERA NO MUY GRANDE Y DE BUENA CALIDAD PARA CUIDAR TU ESPALDA.

CONSEJO Nº34: SIEMPRE UN PASO ADELANTE. VIVIMOS A LA DERIVA Y NO SABEMOS LO QUE NOS DEPARARÁ EL CAMINO. ASÍ QUE TE RECOMIENDO SIEMPRE TENER UNA BOTELLA DE AGUA Y ALGO DE COMIDA EN LA MOCHILA.

CONSEJO Nº35: TODO AL 100%. TEN SIEMPRE TODOS LOS APARATOS (CELULAR, CÁMARA FOTOGRÁFICA, CARGADOR EXTERNO, COMPUTADORA…) CARGADOS, NO ESPERES HASTA ÚLTIMO MOMENTO PARA HACERLO. NO SABES SI TENDRÁS PARA HACERLO A DONDE TE DIRIGES Y ANTE CUALQUIER EMERGENCIA ES MEJOR PREVENIR.

CONSEJO Nº36: AMIGOS DE VIAJES. NUNCA PIERDAS EL CONTACTO DE QUIÉNES CONOCISTE EN TUS VIAJES. PIDE SIEMPRE TELÉFONOS Y REDES SOCIALES DÓNDE PUEDAS LOCALIZARLOS. EN EL DÍA DE MAÑANA PUEDEN DARTE UN LUGAR PARA DORMIR, UN CONSEJO O UNA FUTURA AMISTAD.

CONSEJO Nº37: BUSCA EL CAMBIO. DESAFÍATE A NUEVAS EXPERIENCIAS, NUEVAS VIVENCIAS, COSAS DIFERENTES. DESDE COMIDA HASTA FORMAS DE VIAJAR. DESDE PENSAMIENTOS HASTA FORMA DE VESTIRSE. VE EL MUNDO EN CADA UNO DE LOS 360 GRADOS Y ELIGE LO QUE PIENSES QUE ES MEJOR PARA TI.

CONSEJO Nº38: NO ESPERES MOMENTOS COPIADOS. MUCHAS VECES VEMOS FOTOS O ESCUCHAMOS ANÉCDOTAS DE VIAJEROS Y ESPERAMOS QUE NOS PASE LO MISMO. ESTA MAL. NO ESPERES A QUE LOS MOMENTOS PASEN SINO QUE DEBES BUSCAR LOS TUYOS PROPIOS.

CONSEJO Nº39: PASAPORTE COMO ÚNICA IDENTIDAD. LA CÉDULA NACIONAL O MISMO UNA LICENCIA DE CONDUCIR NO SERA SUFICIENTE PARA IDENTIFICARTE OFICIALMENTE

COMO LA PERSONA QUE DICES SER. POR ESO EL PASAPORTE SIEMPRE DEBE GUARDARSE EN UN LUGAR SEGURO Y CUIDARLO COMO ORO. TEN SIEMPRE UNA COPIA EN LA RED O UNA FOTOCOPIA DEL MISMO ANTE CUALQUIER EMERGENCIA.

CONSEJO Nº40: SEGURIDAD ANTE TODO. SI ERES DE ESAS PERSONAS QUE PIENSAS QUE NADA VA A PASAR Y QUE TU VIDA CUESTA MENOS QUE UN DÓLAR AL DÍA ESTAS EN UN GRAN PROBLEMA. EL SEGURO DE VIAJE ES MUY IMPORTANTE, CUALQUIER TIPO DE OPERACIÓN TE SALDRÁ MUCHO MÁS DE LO QUE PIENSAS. CUIDATE E INVIERTE ESE DÓLAR EN TI. TÚ VALES MÁS QUE ESO.

CONSEJO Nº41: NO ES UN DESFILE DE MODAS. RELOJES CAROS, CADENAS DE ORO, ANILLOS CON DIAMANTES O TU MEJOR ROPA DE MARCA NO SERÁN NECESARIOS EN UN VIAJE ASÍ. VINIMOS COMO MOCHILEROS, SE UNO DE ELLOS. APARTE NO TE SENTIRÁS MAL CUANDO ALGUNA VESTIMENTA SE EXTRAVIE O SE ESTROPEE (ALGO MUY COTIDIANO EN ESTOS VIAJES). AUNQUE ESO NO SIGNIFICA VESTIRSE COMO UN VAGABUNDO.

CONSEJO Nº42: LOS ANCIANOS COMO MEJOR HISTORIA. SI TE ANIMAS, INTENTA CONVERSAR CON PERSONAS MAYORES, ELLOS SIEMPRE ESTÁN CONTENTOS DE CONTAR SUS ANÉCDOTAS DE LA VIDA. SIEMPRE ME HAN PARECIDO EXCELENTES HISTORIAS Y MUCHAS DE ELLAS FUERA DE LA REALIDAD. LE TENDRÁN MENOS MIEDO A LA HORA DE CONTAR COSAS PROHIBIDAS.

CONSEJO Nº43: CUANTO MÁS LEJOS MÁS BARATO. LOS CENTROS TURÍSTICOS MANEJAN PRECIOS ALTOS POR ESO A LA HORA DE COMPRAR UN SOUVENIR O ALGO PARA COMER INTENTA ALEJARTE UNAS CUANTAS CUADRAS DE ALLÍ.

CONSEJO Nº44: MIRA DENTRO DE TU CALZADO. EN LUGARES CON CLIMA TROPICAL O EN ZONAS NATURALES ES COMÚN QUE ALGÚN BICHO SE META DENTRO DE TU CALZADO Y SIN DARNOS CUENTA NOS LO COLOCAMOS LUEGO. DALE UN BUEN GOLPE AL CALZADO DADO VUELTA Y CONFIRMA QUE NO HAYA NADA DENTRO.

CONSEJO Nº45: CUIDEMOS EL MUNDO. DEJEMOS CADA LUGAR QUE VISITEMOS MEJOR DE LO QUE ESTABA. LEVANTAR UN PAPELITO O UNA BOTELLA DEL PISO NO CUESTA NADA Y NO ES ALGO QUE LO HAGAMOS POR UNA APROBACIÓN. ESTE ES NUESTRO MUNDO.

CONSEJO Nº46: ESE NO ES EL PRECIO. EL FAMOSO "DERECHO DE PISO" ES UNA REGLA EN CADA PAÍS QUE VISITAMOS. NO SOMOS LOCALES Y POR LO GENERAL PAGAMOS MÁS. INTENTA SIEMPRE EL SISTEMA DE REGATEO. COMIENZA CON LA MITAD DEL PRECIO QUE TE PIDEN Y NUNCA PIDAS EL DIRECTAMENTE EL PRECIO DE LO QUE QUIERES SINO DE ALGO SIMILAR.

CONSEJO Nº47: CONVIVIR Y SUBSISTIR. COMPARTIRÁS LUGARES COMO HOSTALES CON DECENAS DE PERSONAS. INTENTA RESPETARLAS DE TAL FORMA COMO TE GUSTARÍA QUE TE RESPETEN A TI. NO PONGAS MÚSICA O TE PONGAS A HABLAR EN EL CUARTO SI

ALGUIEN ESTA DURMIENDO. PRENDE LA LINTERNA DEL TELÉFONO Y NO LA DEL CUARTO SI LLEGAS TARDE. LAVA TU ROPA, NADIE QUIERE OLER TU MAL OLOR.

CONSEJO Nº48: NO TE ENOJES SI NO ES LO QUE PEDISTE. PUEDE PASAR QUE PIDAS UN PLATO EN UN PUESTO CALLEJERO Y TE DEN OTRA COSA O CON ALGO QUE NO PEDISTE. INTENTA MANTENER LA CALMA E INTENTAR RESOLVERLO. SOLO DE SER MUY NECESARIO DEVUELVE EL PLATO. EN MUCHOS PAÍSES (COMO EN ASIA) DEVOLVER UN PLATO NO ES BIEN VISTO, ES UNA OFENSA HACIA LA PERSONA AUNQUE NO HAYA SIDO LO QUE PEDISTE.

CONSEJO Nº49: TODO NO SE PUEDE, SIN REMORDIMIENTO. SI TIENES QUE SACRIFICAR ALGÚN LUGAR PARA VIVIR OTRA EXPERIENCIA HAZLO. SIEMPRE ESTA LA POSIBILIDAD DE VOLVER Y SINO HAS EXPERIMENTADO ALGO NUEVO. NO TE PONGAS TRISTE DE NO HABER CONOCIDO ESE LUGAR.

CONSEJO Nº50: SE TU. ES MOMENTO DE SER UNO MISMO AL 100%, NO FINJAS O INTENTES SER ALGUIEN MÁS. HAZTE QUERER POR LO QUE ERES Y NO POR LO QUE NO ERES. ASÍ TENDRÁS SIEMPRE CERCA PERSONAS QUE TE APRECIEN POR ESO. APARTE ESTE VIAJE TE MOSTRARA COSAS DE TI QUE NO SABÍAS. ES UNA FORMA DE EXPLORAR Y EXPLORARNOS. SE TU MISMO, ES LO PRIMERO.

 Andi es un hombre feliz. O más bien, quién eligió ser feliz, porque la felicidad también se elige. Es una percepción de la vida y de ti mismo, y a veces es ser valiente. Por lo tanto, Andi es un valiente feliz, pero también un escritor, un pensador filósofo, un entusiasta curioso, un socialista activo y un verdadero viajero. Es durante uno de sus viajes que lo conocí; aquella noche, donde me sorprendió su carisma y su visión del mundo. Más tarde, nuestros caminos se cruzaron de nuevo, en otro país, y llegué a conocerlo de verdad. Aprendí su historia y admiré su disposición a transmitir todo lo que sabía, todo lo que había aprendido y sentido, y lo que sigue aprendiendo y sintiendo. Compartir es lo que nos hace humanos. Esto es lo que nos une, nos hace progresar y crecer, nos fortalece e inspira. Y todos tenemos algo de valor para compartir. Creo que a veces lo olvidaba, antes de conocerlo.

Nació en Uruguay en el seno de una familia judía laica, no creyente. Un niño tímido y sonriente, que creció con su hermano junto al mar. Las dificultades de la vida, particularmente la vida familiar, lo va a hacer crecer muy rápido, demasiado rápido, y luego caer lentamente en la depresión a los 15 años. Este período extremadamente oscuro, como una cruzada del desierto, se convertirá en un importante punto de inflexión en su vida. Él superará su depresión solo, después de 3 largos años, y cuando le pregunté un día: "¿Qué te hizo salir de ella?" Él solo dijo: "Quería vivir".

Como un renacimiento, el niño tímido se convirtió en una personalidad solar y exuberante, abriéndose naturalmente a los demás y transmitiendo fácilmente su nuevo apetito por la vida. También es a partir de este momento que tomará oficialmente la pluma. Ya estaba escribiendo para él, pero era hora de escribir para los otros, hora de compartir su lucha y lo que había aprendido con la esperanza de que ayudará a alguien más. Y funcionó. Entonces siguió escribiendo, contando sobre su vida en Israel, donde permanecerá 6 años, su experiencia en el ejército, su experiencia en la vida, sus viajes, contando sus cuestionamientos, sus ideales y sus aspiraciones. En 2019, tomó su mochila, dejando Israel para un largo viaje a Asia. Continuará relatando todo lo que vive en su bitácora. Describiendo los colores, los paisajes, la política, las costumbres y los muchos desafíos. Contando sus encuentros, con lugareños u otros extranjeros, portadores de diferentes enseñanzas, visiones e historias. Compartiendo sus consejos de viajero y sus preguntas sobre el mundo. Al final, esta odisea es también su viaje interno e íntimo, donde se explora a sí mismo y crece a medida que avanzan los kilómetros y los encuentros. Y seguramente, es el viaje lo más hermoso de todo.

Coraline Derbier

Otras publicaciones Alvi Books

ISBN: 979-8482496053   **ISBN:** 979-8756847529   **ISBN:** 979-8759099918

ISBN: 979-8791547552   **ISBN:** 979-8793197700   **ISBN:** 979-8415714193

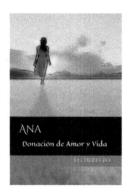  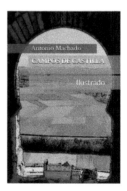

ISBN: 979-8418001610   **ISBN:** 979-8428814231   **ISBN:** 979-8805372811

www.alvibooks.com

ISBN: 979-8831562347   **ISBN:** 979-8833109557   **ISBN:** 979-8834146216

ISBN: 979-8842452392   **ISBN:** 979-8843788520   **ISBN:** 979-8846703018

 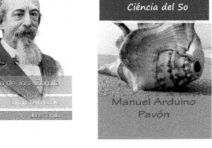 

ISBN: 9798353819721   **ISBN:** 978-1088650219   **ISBN:** 979-8542902876

www.alvibooks.com

Printed in the USA
CPSIA information can be obtained
at www.ICGtesting.com
LVHW021037061023
758688LV00043B/396